Endzeit. Kompakt.

Jeff Kinley, Todd Hampson

Endzeit. Kompakt.
Jeff Kinley, Todd Hampson

A Quick Reference Guide to the End Times
Copyright © 2020 by Text © Jeff Kinley and Todd Hampson
Artwork © Todd Hampson
Published by Harvest House Publishers
Eugene, Oregon 97402
www.harvesthousepublishers.com

Copyright deutsche Ausgabe:
Verlag Mitternachtsruf
Ringwiesenstrasse 12a
CH-8600 Dübendorf

1. Auflage 2021 (Koproduktion)

Verlag Mitternachtsruf, CH-8600 Dübendorf
www.mitternachtsruf.ch
Bestell-Nr. 180132
ISBN 978-3-85810-466-3

Christliche Verlagsgesellschaft mbH, DE-35683 Dillenburg
www.cv-dillenburg.de
Bestell-Nr. 271 782
ISBN 978-3-86353-782-1

Übersetzung aus dem Amerikanischen: Martin Plohmann
Umschlag, Satz und Layout: Verlag Mitternachtsruf
Herstellung: ARKA Druck, PL-43-400 Cieszyn

Bibelzitate folgen, wenn nicht anders bezeichnet, der Schlachter Version
2000, © 2000 Genfer Bibelgesellschaft.

Endzeit. Kompakt.

Jeff Kinley, Todd Hampson

Inhalt

Was die Bibel über die Endzeit sagt

Willkommen zu *Endzeit. Kompakt.* Dieses Buch wird Ihr Studium der biblischen Prophetie so richtig in Gang bringen und Ihnen Antworten auf einige wichtige Fragen liefern, die viele Leute zum Thema «die letzten Tage» haben. Das Buch bietet einen schnellen und dennoch umfassenden Überblick über die Höhepunkte der biblischen Prophetie und macht deutlich, in welchem Verhältnis sie zu Ihrem Leben *heute* stehen. Ob Sie nun eine Gemeinde, einen Bibelkreis oder eine Sonntagsschule leiten, im Jüngerschaftstraining engagiert sind oder ganz einfach nur Gottes zukünftige Pläne besser verstehen wollen: Dieses Buch ist für Sie.

Sicher ist Ihnen bewusst, dass es viele Bücher über die biblische Prophetie gibt. Doch eines zu finden, das das Thema aus verlässlich biblischer Sicht angeht, kann durchaus schwierig sein. Darum haben wir uns als *The Prophecy Pros™* vorgenommen: Wir wollen das Wort Gottes zu allen Themen, die sich mit der Endzeit beschäftigen, selbst zu Wort kommen lassen. Wir wollen eine Stimme sein, der man vertrauen kann. Dieses Privileg ist für uns keine Selbstverständlichkeit. Wir beten dafür, dass der Herr Ihnen beim Lesen dieses Buches noch mehr Liebe zu Seinem Wort schenkt, Klarheit und Zuversicht hinsichtlich der Zeit gibt, in der wir leben, und Sie mit der Hoffnung auf die wunderbare Zukunft erfüllt, die Gott für Sie als Sein Kind bereithält.

The Prophecy Pros™ sind entstanden, weil Gott auf interessante Weise führt und kleine Glaubensschritte wertschätzt. Wir sind uns bei unseren Buchprojekten über den Weg gelaufen und haben schnell erkannt, dass wir ganz ähnlich über die biblische Prophetie denken. Als Gleichgesinnte kam in uns der Wunsch auf, einen gemeinsamen Dienst zu beginnen – so wurde das Konzept von *The Prophecy Pros™* geboren!

Unser Ziel ist es, die nächste Generation mit der grossartigen Botschaft der biblischen Prophetie zu erreichen. In einer zunehmend chaotischen Welt haben wir uns dazu verpflichtet, den Menschen zu helfen, Gottes Wahrheit besser zu verstehen und anwenden zu können. Eine Möglichkeit ist eine eintägige Veranstaltung mit dem Titel *The Daniel Project: Thriving in the Lion's Den of Postmodern Culture* (Das Daniel-Projekt: Aufblühen in der Löwengrube der postmodernen Gesellschaft).

In Zusammenarbeit mit dem fantastischen Team von *Harvest House Publishers* ist dieses Buch neben dem Podcast *Prophecy Pros* das Ergebnis unserer gemeinsamen Vision, neue Informationen für Sie in einer Zeit herauszubringen, in der die Welt nach Antworten sucht – Antworten, die nur das prophetische Wort Gottes liefern kann.

Wir wünschen Ihnen ein segensreiches Studium der biblischen Prophetie und Wachstum im Glaubensleben! Wie in Sacharja 4,10 steht: «Denn wer ist's, der den Tag geringer Anfänge verachtet?»

Möge Gott Ihnen Einsicht schenken, damit Sie die Zeiten unterscheiden können, während Sie Ihn weiterhin suchen!

Jeff Kinley und Todd Hampson

KAPITEL 1

Was ist biblische Prophetie, und warum ist sie so wichtig?

Was die biblische Prophetie angeht, gibt es keinen Mangel an Spekulationen und Sensationsmache. Alles ist zu finden, von Weltuntergangspredigern, die das Ende der Welt voraussagen, bis hin zu schrulligen «Prophetie-Nerds», die Verschwörungstheorien über den Antichristen und verborgene Geheimgesellschaften verbreiten. Oft scheint mehr Verwirrung als Klarheit zu herrschen. Das ist von Gott aber nicht so gewollt.

Obgleich es ein paar biblische Prophezeiungen gibt, die man intensiver studieren muss, um sie zu erfassen, sind die meisten relativ einfach zu begreifen, weil Gottes Wort zu den behandelten Themen deutlich Stellung bezieht.

Eine Definition biblischer Prophetie

Es ist ganz einfach: Die biblische Prophetie ist Gottes im Voraus geoffenbarter Plan. Wie Trailer zu anstehenden Kinofilmen bieten verschiedene Prophezeiungen eine Vorschau auf zukünftige Dinge. Doch im Gegensatz zu fiktionalen Filmen teilt uns die Prophetie mit, was wirklich passieren wird. Deshalb bezeichnen manche sie als im Voraus geschriebene Geschichte.

Im Alten Testament wurde den Propheten die Wahrheit über den zukünftigen Messias bekannt gemacht – über Seine Geburt, Seinen Dienst, Seinen Tod und Seine Auferstehung. Im Neuen Testament gaben Johannes der Täufer, Jesus, Paulus, Petrus und Johannes Prophezeiungen, die aus ihrer Sicht über Ereignisse in der nahen und fernen Zukunft sprachen.

Im letzten Buch der Bibel begegnen wir einer Vielzahl von Prophezeiungen, die sich noch nicht erfüllt haben. Nach Offenbarung 1,19 wurde Johannes gesagt, er solle die Dinge aufschreiben, die «nach diesem geschehen». Wir müssen festhalten, dass nur Gott die Zukunft präzise voraussagen kann – weder Personen mit medialen Fähigkeiten noch Wahrsager oder gar der Teufel selbst.

Der Prophet Daniel erklärte: «Es gibt einen Gott im Himmel, der Geheimnisse offenbart; der hat den König Nebukadnezar wissen lassen, was *am Ende der Tage* geschehen soll» (Dan 2,28).

Und Gott weiss nicht bloss, was passieren wird, Er bewirkt diese Dinge auch (Jes 46,9-11). In der Schrift offenbarte Gott Seine zukünftigen Pläne Seinen Propheten in nahezu jedem Buch der Bibel. Dies tat Er durch Träume, Visionen, Erscheinungen und direkte Offenbarungen. Heute besitzen wir die vollständige Offenbarung Gottes in der Schrift, die etwa eintausend Prophezeiungen über Jesus und die Endzeit enthält. Davon sind ca. 500 noch nicht erfüllt. Unser Gott ist eindeutig ein Gott der Prophetie!

STATISTISCHE DATEN ZUR PROPHETIE

28%
DER BIBEL ENTHÄLT PROPHETIE

1 von 30
VERSEN ENTHÄLT PROPHETIE

8000
VERSE INSGESAMT ENTHALTEN PROPHETIE

23 der 27
NEUTESTAMENTLICHEN BÜCHER ERWÄHNEN DIE WIEDERKUNFT CHRISTI

Warum sollten wir an der biblischen Prophetie interessiert sein?

Wir fragen uns vielleicht: «Warum ist Prophetie so wichtig?» Wenn wir die Bibel lesen, studieren oder über sie reden, verbringen wir normalerweise viel Zeit damit, uns anzuschauen, was Gott in der Vergangenheit getan hat. Er möchte aber auch, dass wir nach vorne blicken auf das, was Er in der Zukunft tun wird, und dass wir begreifen, wie das unser Leben heute beeinflusst.

Hier sind sieben zwingende Gründe, weshalb die biblische Prophetie so wichtig ist:

1. Die Prophetie ist *ein Teil der Bibel*, und wir wissen, dass jeder Vers zum Nutzen aller Gläubigen dient (2Tim 3,16-17). Das mag zwar offenkundig sein, aber wenn Gott etwas in die Heilige Schrift aufgenommen hat, dann spielt es eine strategische Rolle in dem, was Gott über sich selbst und über Seine Pläne in der Geschichte, mit der Menschheit und Seinen Kindern offenbart.

2. Die Prophetie macht ca. 28 Prozent der ganzen Bibel aus. Entfernt man sie aus dem Wort Gottes, nimmt man der Schrift einen bedeutenden Teil ihres übernatürlichen Charakters. Beachten Sie folgende Fakten:

   - Einer von dreissig neutestamentlichen Versen enthält Prophetie.
   - Insgesamt 8000 Verse sind prophetisch.
   - 23 der 27 neutestamentlichen Bücher erwähnen das zweite Kommen Jesu.
   - Auf jeden Vers, der das erste Kommen Jesu erwähnt, kommen *acht* Verse, die vom zweiten Kommen handeln.
   - Die erste Prophezeiung über Christus findet sich in 1. Mose 3,15.
   - Es gibt 333 Prophezeiungen über Christus. 109 von ihnen wurden bei Seinem ersten Kommen erfüllt. Das bedeutet, dass die Erfüllung von 224 Prophezeiungen noch aussteht.

PROPHEZEIUNGEN ÜBER JESUS

333	Prophezeiungen insgesamt
109	beim ersten Kommen erfüllt
224	sind noch zu erfüllen

3. Jesus sagte, dass letzten Endes jedes Wort und jeder Buchstabe der Schrift erfüllt wird (Mt 5,17-18). Jede alttestamentliche Prophezeiung über den Messias ist genauso wortwörtlich erfüllt worden, wie die Schrift es vorausgesagt hat. Angesichts dieser Erfolgsbilanz ist anzunehmen, dass jede zukünftige Prophezeiung ebenso wörtlich erfüllt wird. Die Bibel ist absolut fehlerfrei – sie hat sich noch in keinem Punkt der Prophetie geirrt. Bisher ist alles bis ins kleinste Detail eingetroffen.[1] Und dasselbe gilt für die 500 Prophezeiungen, deren Erfüllung noch aussteht.

4. 95 Prozent des letzten Buches der Bibel beinhalten Prophetie. Menschliche Autoren achten genau darauf, wie sie ihre Bücher abschliessen, und versuchen, beim Leser einen bleibenden Eindruck zu hinterlassen. Gott beendete Seine schriftliche Offenbarung an den Menschen auf dieselbe Weise. Er hätte Sein Buch auf jede von Ihm gewünschte Art zu Ende bringen können, und dennoch ent-

schied Er sich dafür, uns eine Vorschau auf die zukünftige Geschichte zu geben. Letzte Worte sind bleibende Worte. Gott muss die Absicht gehabt haben, uns Einblick in die Zukunft zu gewähren, weil Sein letztes Wort genau davon handelt!

5. Die Prophetie ist auch deshalb von so grosser Bedeutung, weil Gott nicht möchte, dass Seine Kinder unwissend über die Endzeit sind (1Thes 4,13; 2Thes 2,1-3.5). Warum das? Weil Unwissenheit (oder fehlende Informationen) zu Schwäche führt. Wenn wir nichts über die Zukunft wissen, kann das Angst und Unsicherheit in uns erzeugen. Es macht uns auch anfällig für Fehlinformationen, Irrlehrer, falsche Glaubensinhalte, Sensationsmache, Spekulationen, Verschwörungstheorien und aus der Luft gegriffene Vorhersagen. Unsere Zukunftsängste können zum Glück überwunden werden, wenn wir das prophetische Wort Gottes lesen und Ihm vertrauen, dass Er es erfüllt.

6. Die Prophetie ist wichtig, weil wir in einer besonderen Zeit leben. Heutzutage ist die Erfüllung der endzeitlichen Prophezeiungen so wahrscheinlich wie noch nie, seit Jesus auf dieser Erde war. In Kapitel 5 werden wir ausführlicher darauf eingehen, aber die Zeichen der Zeit – wie sie in der Heiligen Schrift beschrieben werden – weisen deutlich darauf hin, dass wir in den letzten Tagen leben. Und die Ereignisse der Offenbarung könnten schon

bald eintreffen. Die biblische Prophetie war für Christen nie relevanter.

7. Die biblische Prophetie ist auch deshalb so bedeutend, weil sie uns Folgendes gibt:

- *Klarheit* (2Thes 2,1-3.5). Durch das Internet hat praktisch jeder unbegrenzten Zugang zu Tausenden von Standpunkten und Meinungen über die Zeit, in der wir leben, und über die Zukunft der Menschheit und des Planeten Erde. Die Schrift löst den Nebel auf und liefert uns eindeutige und konkrete Wahrheiten darüber, was vor uns liegt. Diese Klarheit bewahrt uns vor Verwirrung.

- *Vertrauen* (2Thes 2,1-3.5). Wenn Sie erst einmal sehen, was vor Ihnen liegt, können Sie vertrauensvoll und sicher vorangehen. Sie müssen nicht zaghaft Dinge glauben, die die Entrückung, die Drangsalszeit, den Antichrist oder das zweite Kommen Jesu betreffen. Die prophetischen Schriften geben uns Erkenntnis und Weisheit und stärken unseren Glauben.

- *Glaube* (Offb 4). Die *Kraft* unseres Glaubens steht im direkten Verhältnis dazu, was wir über den *Kern* unseres Glaubens wissen. Wenn wir wissen, dass Gott auf Seinem Thron sitzt und die Geschichte auf ihr festgelegtes Ende zusteuert, können wir in dem Wissen ruhen, dass Er nicht nur die Zukunft, sondern auch uns in Seiner

Hand hält (Offb 4). Das Studium der Prophetie führt *nie* zu Furcht. Es stärkt nur den Glauben.

- *Hoffnung* (Tit 2,13-15; 1Thes 4,13). In der Bibel ist Hoffnung kein Wunsch, sondern vielmehr eine feste Erwartung. Die Wiederkunft Jesu für Seine Braut wird «glückselige Hoffnung» genannt (Tit 2,13). Im ganzen Neuen Testament lassen sich Dutzende Verse finden, die davon sprechen, dass die Braut auf diese Wiederkunft wartet.[2] Und wir wissen, dass unsere Hoffnung nicht enttäuscht wird (Röm 5,4-5).

- *Liebe* für Jesus (Offb 19,10). Das ist richtig: Wenn Sie die biblische Prophetie studieren, führt Sie dies direkt zu Jesus. Das liegt daran, dass das letztendliche Ziel der Prophetie der Herr Jesus Christus ist. Die biblische Prophetie offenbart das Wesen und das Herz des Gottes, den Sie anbeten. Je intensiver Sie die Prophetie studieren, umso enger und vertrauter wird Ihre Beziehung zu Ihrem Erlöser!

Wie Sie sehen, hat Gottes prophetischer Plan für die Zukunft auch deutliche Auswirkungen auf Sie. Aus diesem Grund ist die biblische Prophetie nicht bloss eine «Option» für Christen, sondern ein wesentlicher Bestandteil unserer geistlichen Nahrung.

KAPITEL 2

In welcher chronologischen Abfolge werden die Ereignisse der Endzeit stattfinden?

In der Bibel gibt es keine einzige Stelle, die die genaue Abfolge aller wichtigen Ereignisse in der Endzeit beschreibt. Es finden sich aber mehrere wichtige Bibelstellen, die es uns erlauben, eine klare Reihenfolge der endzeitlichen Hauptereignisse festzulegen. Wenn wir mit der Grundannahme beginnen, dass die Bibel Gottes (präzise überliefertes und getreu erhaltenes) Wort ist und wir den klaren Sinn des Textes verstehen können, dann können wir auch die Abfolge der wichtigen endzeitlichen Ereignisse bestimmen. Jede einzelne Prophezeiung, die bisher eingetroffen ist, wurde wortwörtlich erfüllt. Daraus können wir schliessen, dass alle zukünftigen Prophezeiungen ebenso wörtlich erfüllt werden.

Auf dieser Grundlage kommen wir nun zur chronologischen Reihenfolge der Hauptereignisse in der Endzeit. Die folgenden Ausführungen enthalten auch wichtige alternative Ansichten.

GRUNDLEGENDE REIHENFOLGE
DER WICHTIGEN EREIGNISSE DER ENDZEIT

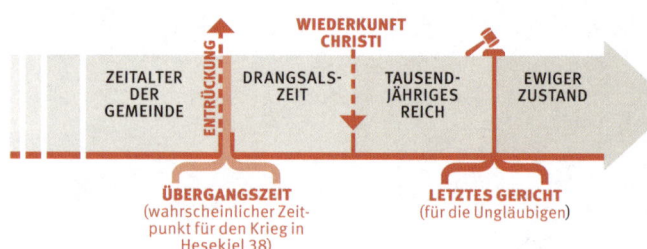

Die Entrückung

Die Entrückung ist ein zukünftiges Ereignis, dem keine Zeichen vorangehen und das jeden Augenblick stattfinden könnte. Dabei werden alle Gläubigen in die Luft entrückt, wo sie Jesus begegnen und mit Ihm in den Himmel eingehen (Joh 14,3; 1Kor 15,52; 1Thes 4,15-18). Entrückung und Auferstehung sind Teil desselben Ereignisses. Für dieses plötzliche, weltweite und übernatürliche Ereignis gibt es keine Vorbedingungen. Es ist der nächste Punkt im prophetischen Kalender, der alle anderen zukünftigen Ereignisse auslösen wird.

Übergangszeit

Aus 2. Thessalonicher 2,7-8 erfahren wir, dass der, der jetzt noch zurückhält (der Heilige Geist, der in allen Gläubigen des Gemeindezeitalters wohnt), zuerst (durch die Entrückung) weggenommen werden muss, bevor der Mensch der Sünde (der Antichrist) geoffenbart werden kann. In Daniel 9 lesen wir, dass die Drangsalszeit beginnt, wenn ein Abkommen zwischen Israel («mit den Vielen») und dem Antichrist geschlossen wird (Dan 9,27). Die Logik verlangt nach einer Übergangszeit zwischen der Entrückung und dem Beginn der Drangsalszeit. Dieser Zeitraum könnte Minuten, Stunden, Monate oder noch länger dauern, auch wenn wir zu der Annahme neigen, dass er relativ kurz sein wird – möglicherweise nur wenige Wochen oder Monate lang.

Der Krieg in Hesekiel 38

Prophetie-Experten sind sich einig, dass dieser Krieg ein Angriff auf Israel in der Endzeit ist. Man ist sich jedoch nicht sicher, wo genau er in die Abfolge der Ereignisse hineinpasst. Wir glauben, dass es eine von Russland angeführte Invasion sein wird, an der sich Länder wie der Iran und die Türkei sowie Libyen, Äthiopien und der Sudan beteiligen werden. Während ich dies hier schreibe, besteht (zum ersten Mal in der Geschichte) eine Partnerschaft zwischen allen genannten Staaten – so, wie die Bibel es vorausgesagt hat. Russland, der Iran und die Türkei verfolgen allesamt militärische Interessen in Syrien.

Diese unglaublich detaillierte Prophezeiung (Hes 38–39) über einen noch zukünftigen Angriff auf Israel wird für eine Zeit vorausgesagt, nachdem das Volk aus anderen Nationen in sein lange Zeit brachliegendes Land zurückgebracht worden ist und dort sicher wohnt (38,8). Der Geschichte können wir entnehmen, dass der Grossteil des Gebietes Ödland war, während sich das Volk in der Diaspora befand (die Zerstreuung des jüdischen Volkes auf der ganzen Welt nach 70 n.Chr.) und bevor der moderne Staat Israel 1948 gegründet wurde.

Heute blüht das Land auf, Millionen von Juden sind zurück und Israel ist (wie es seit Langem prophezeit war) wieder eine Nation. Zurzeit rangiert Israel auf Platz acht der mächtigsten Nationen der

Welt.[3] Obwohl von Feinden umgeben, hat das jüdische Volk sie in den letzten Jahrzehnten in jedem Konflikt besiegt und aufgrund seiner militärischen Stärke lebt es momentan in Sicherheit innerhalb seiner nationalen Grenzen.

Dieser zukünftige Angriff in Hesekiel 38 geht von Israels Nordgrenze mit der Absicht aus, die Nation zu berauben. Im letzten Jahrzehnt wurden in Israel riesige Öl- und Erdgasvorkommen entdeckt. Zum ersten Mal in der Geschichte ist Israel unabhängig von ausländischen Energiequellen und besitzt mehr, als gebraucht wird. Der Staat plant sogar eine Unterwasserpipeline, um Energie an Europa zu verkaufen, dem gegenwärtig wichtigsten Kunden Russlands.

Einige Prophetie-Experten glauben, der in Psalm 83 beschriebene Krieg (ein Angriff von Israels angrenzenden Nachbarn) müsse zuerst stattfinden, aber diese Prophezeiung scheint bereits durch Israels viele Verteidigungskriege, einschliesslich des Unabhängigkeitskrieges und des Sechstagekrieges, erfüllt worden zu sein. Zurzeit bestehen zwischen Israel und seinen angrenzenden Nachbarn (den Angreifern aus Psalm 83) Friedensabkommen und aufstrebende Wirtschaftsbeziehungen – ein wichtiges Detail, das ebenfalls auf Hesekiel 38 hinweist (insbesondere Saudi-Arabien, in der Bibel bekannt als Saba und Dedan).

Anfang der Drangsalszeit

In den chaotischen Nachwirkungen der Entrückung, wenn Millionen von Christen plötzlich verschwunden sein werden, wird sich ein Weltführer mit einer starken Persönlichkeit, mit Charisma und politischer Unterstützung herauskristallisieren, um die Ordnung in der Welt wiederherzustellen. Nach dem Krieg in Hesekiel 38 ist die Bühne bereitet für diesen endzeitlichen Herrscher (höchstwahrscheinlich aus Europa; s. Dan 9,26), der nun an die Macht kommt und einen Vertrag «mit den Vielen» aushandelt (Dan 9,27). Teil des Abkommens wird sein, dass die Juden auf dem Tempelberg in Jerusalem wieder ihren Tempel aufbauen dürfen.

Mitte der Drangsalszeit

Aus Daniel 9 erfahren wir, dass der Antichrist seinen Bund mit Israel exakt zur Mitte der sieben Jahre dauernden Drangsalszeit brechen wird. Er wird den Tempel entweihen und sich gegen das jüdische Volk wenden. Dann wird auch das berüchtigte Malzeichen des Tieres eingeführt. Die erste Hälfte der Drangsalszeit wird furchtbar sein, aber die zweite Hälfte noch viel schrecklicher für die rebellische Weltbevölkerung und leider auch für den Grossteil des zu dieser Zeit lebenden jüdischen Volkes (Jer 30,7; Dan 12,1; Mt 24,21). Ein Lichtblick in dieser dunklen Zeit ist, dass Gott einige aus dem jüdischen Volk beschützen wird. Am Ende der Drangsalszeit werden sich diese zu Christus als ihrem Erlöser hinwenden (Dan 12,1-2; Mt 23,39; Röm 11,26; Offb 12,14-17; 14,1-5).

Die Wiederkunft Christi

Die Wiederkunft Christi ist etwas anderes als die Entrückung. Bei der Entrückung werden die Gläubigen aus der Zeit der Gemeinde auferstehen und einen verherrlichten, geistlichen Körper bekommen, um Jesus in der Luft oder den Wolken zu begegnen – und anschliessend wird Er sie mit in den Himmel nehmen (Joh 14,3; 1Kor 15,52; 1Thes 4,15-18). Am Ende der Drangsalszeit hingegen wird Jesus mit Seinen himmlischen Armeen (den Engeln und den Gläubigen aus dem Gemeindezeitalter) körperlich auf die Erde zurückkommen (Offb 19,11-21). Dann werden Seine Füsse auf dem Ölberg stehen (Sach 14,4) – an demselben Ort, an dem Er Seinen Jüngern gesagt hatte, was in den letzten Tagen passieren würde (Mt 24; Mk 13; Lk 21), und von dem Er in den Himmel aufgestiegen war (Apg 1,9-12).

HAUPTUNTERSCHIEDE
ZWISCHEN DER ENTRÜCKUNG UND DER WIEDERKUNFT CHRISTI

ENTRÜCKUNG	WIEDERKUNFT CHRISTI
JESUS KOMMT IN DER LUFT (1THES 4,17)	**JESUS KOMMT AUF DIE ERDE** (SACH 14,4; APG 1,11)
JESUS KOMMT FÜR DIE SEINEN (JOH 14,3; 1THES 4,17)	**JESUS KOMMT MIT DEN SEINEN** (1THES 3,13; OFFB 19,14)
ER RETTET VOR DEM ZUKÜNFTIGEN ZORN (1THES 1,10)	**BRINGT ZORN** (OFFB 6,12-17; 19,15-21)
ABSICHT: RETTUNG (1THES 4,17-18; 5,9)	**ABSICHT: GERICHT** (OFFB 19,15-21)
NUR GOTT KENNT DEN ZEITPUNKT (MT 24,36; 1KOR 15,50-54)	**EXAKT 7 JAHRE NACH DEM VERTRAG MIT DEM ANTICHRIST** (DAN 9,27; OFFB 11,2-3; 12,6.14; 13,5)

Das Tausendjährige Reich

Die alttestamentlichen Propheten (vor allem Jesaja) sagten eine goldene Zeit voraus, in der ein Nachkomme Davids von Jerusalem aus über die ganze Welt herrschen würde. In Offenbarung 20,1-6 erfahren wir, dass sich dieser tausend Jahre während Zeitraum unmittelbar an die Drangsalszeit anschliessen wird (mit einer kurzen Übergangszeit bis zum Zeitalter des Reiches Gottes). Während die Gläubigen des Gemeindezeitalters bei der Entrückung (direkt vor der Drangsalszeit) auferweckt werden, scheinen die Gläubigen aus der Zeit des Alten Testaments unmittelbar vor dem Tausendjährigen Reich auferweckt zu werden (Dan 12,1-2; Jes 26,19; Offb 20,4-6). Das Tausendjährige Reich endet mit einem letzten Kampf, wenn der Teufel aus dem Gefängnis freigelassen wird. Er wird schnell besiegt und für immer in den Feuersee geworfen werden (Offb 20,7-10).

Das Gericht vor dem grossen weissen Thron

Nach dem Tausendjährigen Reich müssen alle Ungläubigen aus der ganzen Menschheitsgeschichte vor Gott erscheinen. Dann wird Er sie richten und in den Feuersee werfen. Die Gläubigen werden bei diesem Gericht nicht vor Gott stehen, da ihre Sünden durch das Sühnewerk Jesu vergeben wurden (Offb 20,11-15).

Der neue Himmel und die neue Erde

Nach dem letzten Gericht wird die ganze Schöpfung neu gemacht oder wiederhergestellt werden. Alles Böse, jede Sünde und jeglicher Verfall werden aus der Schöpfung entfernt, und neue Dinge werden eingeführt – wie z.B. das neue Jerusalem. Das ist die himmlische Stadt, von der im Hebräerbrief die Rede ist (Hebr 11,10.16) und wo derzeit wahrscheinlich der individuell angefertigte Lebensraum eines jeden Gläubigen eingerichtet wird (Joh 14,3). Im neuen Jerusalem findet sich dann das Zentrum des Lebens und Gottes Gegenwart, aber vermutlich werden wir in der Ewigkeit auch in der Lage sein, durch die gewaltige Weite des Himmels zu reisen.

Für uns Gläubige liegt eine unglaublich vielfältige Zukunft bereit, auf die wir uns freuen können. Das sollte uns zu einem treuen Leben für den Herrn motivieren, auch wenn uns Probleme und Versuchungen begegnen, und wir sollten jede Möglichkeit nutzen, andere auf den Erlöser hinzuweisen. Das sind Dinge, die wir nur jetzt in der Zeit der Gemeinde tun können. Unsere Mühen werden dafür bis in die Ewigkeit nachwirken.

KAPITEL 3

Woher wissen wir, dass Jesus buchstäblich auf die Erde zurückkehren wird?

Vor einigen Jahren sah ich einen Autoaufkleber, auf dem stand: «Jesus kommt zurück. Tu so, als wärst du beschäftigt.» Ein anderer lautete: «Jesus kommt zurück ... und Junge, der ist vielleicht sauer!»

Diese Aufkleber präsentieren uns einen Christus, der wie ein abwesender Chef oder ein strenges und autoritäres Elternteil ist – auch wenn beides nicht zutrifft. Es stimmt, dass Er wiederkommen wird und Sein Zorn mit Ihm. Aber Er kommt nicht nur zum Gericht, sondern auch, um in Gerechtigkeit zu herrschen (Offb 19,11-21; 20,1-6; 22,12).

Können wir uns der Wiederkunft Jesu sicher sein?

Die Braut Jesu verbreitet die Botschaft Seiner Wiederkunft seit etwa 2000 Jahren. Ein aktualisierter Aufkleber müsste heute lauten: «Jesus kommt *bald* wieder!»

Aber ist das wirklich so? Und wenn ja, wie können wir uns dessen sicher sein? Woher können wir wissen, dass Er tatsächlich *leiblich* wiederkommt? Denken Sie daran, dass wir hier über Sein zweites Kommen sprechen (s. Offb 19), nicht über die Entrückung, die wir im nächsten Kapitel behandeln werden. Das sind zwei verschiedene Ereignisse, bei denen Jesus erscheint.

Bedenken Sie, dass es nur drei Möglichkeiten gibt, was das zweite Kommen Jesu angeht:

1. Er kommt auf die Erde wieder.

2. Er kommt überhaupt nicht wieder.
3. Er ist bereits wiedergekommen ... irgendwie.

Wenn Jesus gar nicht wiederkommt, dann ist die Diskussion im Grunde genommen vorbei. Diese Möglichkeit lässt sich nicht überprüfen, denn letztendlich kann niemand beweisen, dass Er *nicht* irgendwann wiederkommt. Zugegeben, wenn Seine Wiederkunft nicht mehr ist als ein religiöser Mythos, dann ist alles andere, was die Bibel über Jesus behauptet, automatisch fragwürdig und zweifelhaft. Wenn wir den Bibelstellen nicht vertrauen können, die von der Wiederkunft des Herrn sprechen, wie können wir uns dann auf die Stellen verlassen, die über andere wichtige Themen sprechen wie moralische Grundwerte, Errettung, Himmel, Hölle und das ewige Leben sprechen?

DREI MÖGLICHKEITEN

Wie wird Jesus wiederkommen?

Wenn es stimmt, dass Jesus Christus ein weiteres Mal auf die Erde kommen wird, stehen wir vor zwei Möglichkeiten: 1. Seine Wiederkunft ist geistlich, nicht leiblich; oder 2. Er erscheint in einem leiblichen, verherrlichten Körper.

Die Wiederkunft Jesu ist geistlich zu verstehen
Untersuchen wir zuerst die Sicht, die besagt, dass das zweite Kommen Jesu geistlicher und nicht leiblicher Natur ist. Vertreter dieser Auffassung halten an einer Auslegungsweise fest, die als *Präterismus* bekannt ist. Der Präterismus legt die in Offenbarung 6 bis 19 beschriebenen Ereignisse so aus, als hätten sie bereits 70 n.Chr. (oder kurz danach) stattgefunden, bei der Zerstörung Jerusalems durch den römischen General Titus.[4]

Diese Herangehensweise an die Offenbarung lässt sich in drei Unterarten einteilen: leichter, moderater und extremer Präterismus. Obwohl jede dieser drei Sichtweisen behauptet, die Offenbarung wäre historisch bereits im ersten Jahrhundert erfüllt worden, glauben die meisten Präteristen dennoch an ein zukünftiges Kommen Christi. Extreme Präteristen meinen jedoch, dass Er schon 70 n.Chr. wiedergekommen sei und Seine Wiederkunft geistlicher und nicht leiblicher Natur war.

Uns allen dürfte klar sein, dass Jesus im ersten Jahrhundert nicht leiblich in Harmageddon erschienen ist und die Armeen der Welt vernichtet hat, wie in Offenbarung 19,11-21 nachzulesen ist. Deshalb muss Seine «Wiederkunft» extremen Präteristen zufolge zwangsläufig geistlich und symbolisch gewesen sein. Präteristen sind gezwungen, die Prophezeiungen und Ereignisse der Offenbarung mehrheitlich symbolisch zu verstehen, da es keine historischen Aufzeichnungen oder Begebenheiten gibt, die die Behauptung stützen, dass die in Offenbarung 6 bis 19 beschriebenen Gerichte im ersten Jahrhundert in Jerusalem, Israel oder sonst wo auf der Welt stattgefunden haben (oder sonst wo seit dieser Zeit).[5]

Wenn die Hälfte der Weltbevölkerung damals in Weltkriegen und bei katastrophalen weltweiten Gerichten umgekommen wäre, sollte man doch erwarten können, dass mindestens eine Person oder ein Historiker davon berichtet hätte (oder dass das Geschehen mündlich weitergegeben worden wäre). Aber da ist nichts. Gar nichts. Um ihrer Sichtweise Sinn zu verleihen, müssen Präteristen praktisch alle Prophezeiungen und Ereignisse in der Offenbarung vergeistlichen oder symbolisch auslegen.

Die Wiederkunft Jesu ist wörtlich zu verstehen
Das führt uns zur zweiten Option (oder Auslegung): Die in Offenbarung 6 bis 19 beschriebenen Gerichte und das zweite Kommen Jesu sind *wörtlich* zu verstehen und liegen noch in der Zukunft. Wir wollen uns anschauen, was für diese Sicht spricht:
1. Die Geburt und Existenz Jesu sind unumstössliche Tatsachen. Praktisch kein Historiker oder Theo-

loge bestreitet heute die Historizität Jesu Christi. Geburt, Leben und Tod Jesu werden sowohl von religiösen als auch säkularen Historikern bezeugt. Zu ihnen zählen der jüdische Historiker Josephus (geb. 37 n.Chr.), der römische Historiker Tacitus (geb. 56 n.Chr.), Plinius der Jüngere (geb. 61 n.Chr.) und Dutzende andere.[6] Zu behaupten, dass Jesus nie existiert hätte, wäre deshalb völlig aus der Luft gegriffen und ignorant.

2. Die Auferstehung Jesu in einem leiblichen Körper fand ebenso buchstäblich statt. Als Christus von den Toten auferstand, zeigte Er Seinen Nachfolgern unmissverständlich, dass Er einen, obgleich verherrlichten, so doch leiblichen Körper in einem übernatürlichen Zustand besass (1Kor 15,44). In Lukas 24,39 sagte der Herr: «Rührt mich an und schaut, denn ein Geist hat nicht Fleisch und Knochen, wie ihr seht, dass ich es habe!» Am Grab klammerte sich Maria an den physischen Leib Jesu (Joh 20,17). Später an jenem Sonntagabend erschien Er den Jüngern und zeigte ihnen Seine Hände und Seine Seite (Joh 20,20). Acht Tage danach wurde Thomas aufgefordert, Seine Hände und Seine Wunden zu berühren (Joh 20,27-28). Seine Auferstehung war körperlich und greifbar.

3. Jesus hatte verheissen, am Ende des Zeitalters körperlich und buchstäblich zurückzukehren (Mt

16,27; 24,30.36.42-44; Lk 21,34-36; Offb 19,11-16). Im Neuen Testament finden sich mehr als 300 Hinweise auf dieses Ereignis, und nicht eines lässt auf etwas anderes als eine leibliche Wiederkunft schliessen. Jesus selbst sprach etwa 20-mal von Seiner Wiederkunft.

4. Bei der Himmelfahrt Jesu versprachen die beiden anwesenden Engel, dass Er leiblich an den Ort wiederkommen würde, von dem Er auffuhr: «Dieser Jesus ... wird *in derselben Weise wiederkommen, wie ihr ihn habt in den Himmel auffahren sehen!*» (Apg 1,11). Bei Seiner leiblichen Himmelfahrt wurde uns eine leibliche Wiederkunft verheissen.

5. Paulus sprach von «der *Offenbarung* des Herrn Jesus vom Himmel her mit den Engeln seiner Macht, in flammendem Feuer» (2Thes 1,7-8; s. auch Mt 24,30). Paulus verwendete eine eindeutige Sprache, keine symbolische.

6. In der Heiligen Schrift steht, dass Jesus *sichtbar* wiederkommen und jedes Auge Ihn sehen wird, wenn Er in den Wolken des Himmels kommt (Mt 24,27-30; 26,64; Offb 1,7).

7. In Verbindung mit Seinem zweiten Kommen werden in der Bibel konkrete geografische Orte genannt – wie z.B. Harmageddon (Offb 16,16), der Ölberg (Sach 14,3-4; Apg 1,9-11) und Jerusalem (Sach 12,1-3; 14,2; Offb 16,17-21). Das sind reale Orte, die

einen realen König auf einem realen weissen Pferd willkommen heissen werden (Offb 19,11).

8. Bei Harmageddon werden sich die echten (nicht symbolischen oder bildlichen) Armeen der Welt zum Kampf gegen den wiederkommenden Christus versammeln (Offb 19,19-21).

9. Ein buchstäbliches zweites Kommen Jesu wird ein tatsächliches Tausendjähriges Reich einleiten (Offb 19–20).

10. Das Verständnis von der Wiederkunft Jesu basiert auf einer wörtlichen Auslegung der ganzen Schrift, einschliesslich der Offenbarung. Die frühe Gemeinde übernahm diesen Auslegungsansatz und erwartete täglich, denselben Jesus, der Jahre zuvor in den Himmel aufgefahren war, wiederzusehen.[7]

100 %
DER PROPHEZEIUNGEN ÜBER DAS ERSTE KOMMEN
WURDEN WÖRTLICH ERFÜLLT

100 %
DER PROPHEZEIUNGEN ÜBER DAS ZWEITE KOMMEN WERDEN
WÖRTLICH ERFÜLLT WERDEN

Das zweite Kommen Jesu Christi ist eines der wichtigsten Ereignisse in den prophetischen Schilderungen der Offenbarung. Es markiert den Höhepunkt der Menschheitsgeschichte, ein rot angestrichenes Datum auf dem Kalender Gottes. Wenn wir nicht darauf vertrauen können, dass es tatsächlich stattfindet, wie können wir dann irgendein Ereignis in der Offenbarung beim Wort nehmen? Alle Hinweise legen nahe, dass die Bibel eine buchstäbliche, leibliche Wiederkunft unseres Herrn Jesus Christus in der Zukunft prophezeit.

KAPITEL 4

Was ist die Entrückung, und wer wird entrückt?

Die Entrückung ist ein übernatürliches Ereignis in der Zukunft, bei dem die ganze Gemeinde (alle echten Gläubigen auf der ganzen Welt) plötzlich zum Herrn Jesus Christus «entrückt» wird. Das neutestamentliche griechische Wort für Entrückung ist *harpazó*, was «ergreifen, entrücken, entreissen»[8] bedeutet. Dahinter steckt der Gedanke einer deutlichen und offenen Demonstration von Kraft oder einen Feind seiner Beute zu berauben – und das schnell und ohne Vorwarnung. Bei diesem Ereignis wird die Gemeinde unmittelbar vor der Zeit der Gerichte Gottes, bekannt als Drangsalszeit, von der Erde weggenommen (s. Offb 3,10 auf Seite 46). Jeder einzelne Gläubige aus der Zeit der Gemeinde (ob bereits verstorben oder noch lebend) und alle, die Richtig und Falsch nicht unterscheiden können (Ungeborene, junge Kinder etc.), werden bei der Entrückung dabei sein.

Auf dieses unfassbare, zukünftige Ereignis sollten sich alle Christen freuen. Im Bruchteil einer Sekunde werden alle Gläubigen des Gemeindezeitalters von der Sünde befreit werden und in die Gegenwart des Herrn treten. Die Entrückung wird in der Bibel eindeutig gelehrt und soll allen Gläubigen grosse Hoffnung und Freude schenken. In dieser Erwartung sollen wir leben und werden aufgefordert: «So tröstet nun einander mit diesen Worten!» (s. 1Thes 4,18 auf Seite 45).

Das Wort *Entrückung* findet sich nicht in der Heiligen Schrift. Das englische Wort *rapture* (Entrückung) ist eine Transliteration des lateinischen Wortes *rapturo*, mit dem der griechische Begriff *harpazó* übersetzt wurde. Christen ist es geläufiger, dieses zukünftige Ereignis als Entrückung zu bezeichnen, als von «*harpazó*» zu sprechen, was «ich entreisse» oder «ich ergreife» bedeutet.

Im Augenblick der Entrückung werden die bereits verstorbenen Christen auferweckt und verwandelt, das heisst, sie bekommen einen ewigen Herrlichkeitsleib. Direkt danach werden alle noch auf der Erde lebenden Gläubigen umgehend in ihren Ewigkeitskörper verwandelt und gemeinsam mit den auferweckten Gläubigen entrückt. Diese beiden Gruppen aus dem Gemeindezeitalter werden gemeinsam Jesus in einem Augenblick in den Wolken begegnen – im Herrschaftsbereich des Feindes – und dann mit Ihm in den Himmel einziehen.

Die Bibelstellen

Hier sind die wichtigsten Texte, die von der Entrückung sprechen:

1. Thessalonicher 4,16-18

«Denn der Herr selbst wird, wenn der Befehl ergeht und die Stimme des Erzengels und die Posaune Gottes erschallt, vom Himmel herabkommen, und die Toten in Christus werden zuerst auferstehen.

Danach werden wir, die wir leben und übrig bleiben, zusammen mit ihnen entrückt werden in Wolken, zur Begegnung mit dem Herrn, in die Luft,
und so werden wir bei dem Herrn sein allezeit. So
tröstet nun einander mit diesen Worten!»

1. Korinther 15,51-53

«Siehe, ich sage euch ein Geheimnis: Wir werden
zwar nicht alle entschlafen, wir werden aber alle
verwandelt werden, plötzlich, in einem Augenblick, zur Zeit der letzten Posaune; denn die
Posaune wird erschallen, und die Toten werden
auferweckt werden unverweslich, und wir werden verwandelt werden. Denn dieses Verwesli-
che muss Unverweslichkeit anziehen, und dieses
Sterbliche muss Unsterblichkeit anziehen.»

Johannes 14,3

«Und wenn ich hingehe und euch eine Stätte
bereite, so komme ich wieder und werde euch zu
mir nehmen, damit auch ihr seid, wo ich bin.»

Offenbarung 3,10

«Weil du das Wort vom standhaften Ausharren auf
mich bewahrt hast, werde auch ich dich bewah-
ren vor der Stunde der Versuchung, die über den
ganzen Erdkreis kommen wird, damit die versucht
werden, die auf der Erde wohnen.»

Im Neuen Testament kommt *harpazó* 14-mal vor, und der Kontext macht deutlich, dass jedes Mal ein plötzliches Entreissen, Entrücken oder ein gewaltsames Wegnehmen gemeint ist (vgl. Mt 11,12; 12,29; 13,19; Joh 6,15; 10,12.28.29; Apg 8,39; 23,10; 2Kor 12,2.4; 1Thes 4,17; Jud 1,23; Offb 12,5).

Die wichtigsten Sichtweisen

Es gibt unterschiedliche Ansichten über den Zeitpunkt der Entrückung (in Bezug auf den zukünftigen, siebenjährigen Zeitraum der Gerichte Gottes auf Erden, bekannt als Drangsalszeit). Die unter Christen am häufigsten vorkommenden Standpunkte (laut kürzlich durchgeführten Studien[9]) sind die prätribulationistische und die posttribulationistische Sicht von der Entrückung (wobei die prätribulationistische Sicht doppelt so viele Anhänger hat wie die posttribulationistische).

DIE WICHTIGSTEN SICHTWEISEN
ÜBER DEN ZEITPUNKT DER ENTRÜCKUNG

VOR DER DRANGSALSZEIT

MITTE DER DRANGSALSZEIT

NACH DER DRANGSALSZEIT

SIEBENJÄHRIGE DRANGSALSZEIT

Es lassen sich mehrere Gründe anführen, warum wir der prätribulationistischen Sicht vertrauen sollten: Erstens, nur mit dieser Sicht ist es möglich, dass die Entrückung unmittelbar bevorsteht (d.h., sie könnte in jedem Augenblick in der Zeit der Gemeinde stattfinden). Das ist von Bedeutung, weil es in der Schrift keine Prophezeiungen gibt, die vor der Entrückung noch erfüllt werden müssen. Sie ist das nächste Ereignis im prophetischen Kalender Gottes.

Zweitens ist es der einzige Standpunkt, der sich dazu eignet, «einander» zu trösten (s. 1Thes 4,18). Mit anderen Worten: Die Entrückung ist nur dann ein Trost, wenn wir durch sie dem zukünftigen Zorn entkommen. In der Bibel wird unmissverständlich gelehrt, dass wir nicht für den Zorn bestimmt sind (Röm 5,9; 1Thes 1,10; Offb 3,10) – und ebenso, dass die ganze Drangsalszeit (ab dem ersten Gerichtssiegel) eine Zeit des Zornes Gottes ist (Offb 6,1.16-17; 19,11-21).

Ein weiterer Grund ist: Uns wird gesagt, dass wir *vor* der weltweiten Stunde der Versuchung bewahrt werden (Offb 3,10). Der Ablauf der Gerichte Gottes im Alten Testament zeigt, dass die Gerechten stets weggenommen wurden, bevor Gott Sein Gericht sandte (z.B. Noah und Lot).

Und schliesslich spiegelt eine prätribulationistische Entrückung die alten jüdischen Hochzeitstraditionen wider, auf die Jesus in Johannes 14,3 anspielte.

Der Bräutigam verlobt sich mit seiner Braut, geht zurück in das Haus seines Vaters, um ein Heim für sie vorzubereiten, und kehrt dann zurück, um sie in dieses neue Zuhause zu holen.

Die Absichten

Die alttestamentlichen Posaunen wurden übrigens benutzt, um die Israeliten zur Versammlung aufzurufen. Mit dieser Symbolik möchte Paulus deutlich machen, dass die letzte Posaune der letzte Aufruf des Gemeindezeitalters ist. Das darf nicht mit den Posaunengerichten in der Offenbarung verwechselt werden. Johannes beschrieb diese etwa 50 Jahre nach den Briefen des Paulus.

Die Entrückung der Gemeinde dient als Ausrufezeichen des Gemeindezeitalters. Sie wird die Verheissungen Gottes erfüllen und alle Gläubigen von Sünde und Gericht trennen. Sie ist eines der grossen Geheimnisse des Gemeindezeitalters. Dieses wurde dem Apostel Paulus offenbart und soll Hoffnung, Freude, Ausdauer und eine erwartungsvolle Haltung in allen Gläubigen hervorrufen, die darauf warten, dass der Bräutigam die Gemeinde, Seine Braut, zu sich nimmt.

KAPITEL 5

Was sind die Zeichen der Wiederkunft Christi, und wie nahe sind wir ihr?

Wenn Menschen von den Zeichen der Endzeit reden, ist es im Allgemeinen eines von zwei Dingen: Erstens, entweder nennen sie konkrete Zeichen, auf die wir achten sollen, da sie andeuten, dass die Wiederkunft Christi nahe ist. Oder zweitens, sie beschreiben bestimmte Verhältnisse in unserer heutigen Welt, die den in der biblischen Prophetie genannten Bedingungen entsprechen. Diese Bedingungen sind logischerweise notwendig, damit die entscheidenden Ereignisse in der zukünftigen, siebenjährigen Drangsalszeit (auch bekannt als der Tag des Herrn) stattfinden können.

Ein wesentlicher Abschnitt in der Bibel, der uns detailliert sagt, worauf wir in der Endzeit achten sollen, ist die Rede Jesu auf dem Ölberg (Mt 24–25; Mk 13; Lk 21). Mit dieser ausführlichen Belehrung reagiert Jesus auf konkrete Fragen der Jünger, die sie über das Ende gestellt haben. Neben dem Buch der Offenbarung ist die Ölbergrede der längste prophetische Abschnitt über die Endzeit im Neuen Testament. Es ist auch die zweitlängste ununterbrochene Rede Jesu in der Heiligen Schrift (die längste ist die Bergpredigt). Wichtig ist, hier festzuhalten, dass Jesus Seine Jünger nicht tadelte, weil sie nach Zeichen fragten, die das nahende Ende ankündigen. Vielmehr gab er eine längere Belehrung mit vielen Details.

Obschon niemand ausser Gott dem Vater den Tag oder die Stunde der zukünftigen Wiederkunft Christi kennt (Mt 24,36), lesen wir in Hebräer 10,25, dass Christen «den Tag herannahen sehen» können. Mit dem «Tag» ist der Tag des Herrn oder die Drangsalszeit gemeint. In diesen sieben Jahren wird Gott Seine Gerichte über die Erde bringen. Uns wird auch gesagt, dass es die ungläubige Welt ganz unerwartet treffen wird – Christen dagegen nicht –, wenn der Herr «wie ein Dieb» kommt (1Thes 5,2.4).

Wir sollten auch festhalten, dass die Entrückung und die Wiederkunft Christi zwei unterschiedliche Ereignisse sind. Die Entrückung findet vor dem Beginn der Drangsalszeit statt, die Wiederkunft Christi auf die Erde am Ende dieser Zeit. Hilfreich ist eine oft bemühte Analogie, während wir auf die Zeichen der Wiederkunft des Herrn warten. Wenn die ersten Weihnachtsdekorationen in der Stadt zu sehen sind, der Nikolaustag aber noch nicht gekommen ist, dann wissen wir, dass der Nikolaustag kurz bevorsteht. Ähnlich ist es auch mit den Zeichen, die der Drangsalszeit vorangehen: Wir wissen, dass die Entrückung der Gemeinde immer näher rückt.

ZEIT DER GEMEINDE

HEUTE

DRANGSALSZEIT

WIEDERKUNFT JESU

DIE DRANGSALSZEIT WIRFT IHRE SCHATTEN VORAUS

Die Kategorien

Am einfachsten lässt sich ein Überblick über die Zeichen gewinnen, indem wir sie in verschiedene Kategorien einteilen und besprechen. Innerhalb der entsprechenden Kategorien finden sich unterschiedliche Zeichen und Bedingungen, auf die wir achten sollen, wenn wir auf die Wiederkunft des Herrn warten. Sie zeigen an, wie nahe Seine Wiederkunft ist.

Das Superzeichen: Israels Wiedergeburt als Nation
Für viele Prophetie-Experten ist Israels Wiedergeburt «das Superzeichen». Im Wesentlichen haben sie zwei Gründe dafür. Erstens hängen alle anderen Zeichen der Endzeit von diesem ab. Vor der Staatsgründung Israels konnte sich kein anderes Zeichen des Endes erfüllen. Zweitens nennen Experten Israels Wiedergeburt, aufgrund seines enormen Ausmasses das Superzeichen. Statistisch gesehen ist es unmöglich,

dieses Zeichen mit all seinen Einzelheiten und erforderlichen Vorbedingungen vorauszusagen – und dann mitzuerleben, dass sich jedes Detail genauso erfüllt, wie es in unserer Zeit geschehen ist.

Die Neugründung der Nation Israel ereignete sich am 14. Mai 1948. Mit Ausnahme von Jona sagte jeder alttestamentliche Prophet voraus, dass Israel wieder eine Nation werden und das jüdische Volk aus allen Teilen der Welt in sein altes Heimatland zurückkehren würde.

Israels Wiedergeburt ist der Hauptaspekt dieses Superzeichens, aber viele andere Zeichen der Endzeit sind damit verbunden. Die Heilige Schrift enthält mehrere Prophezeiungen über Ereignisse, die vor oder nach der Wiedergeburt Israels stattfanden (beginnend im späten 19. Jahrhundert).

Geopolitische Zeichen

Zusätzlich zur Wiedergeburt der Nation Israel sagt die Bibel auch mehrere andere geopolitische Verhältnisse voraus. In Hesekiel 38 lesen wir zum Beispiel von einem Angriff auf Israel, der nach der Wiedergeburt der Nation in der Endzeit stattfindet. Wir haben es hier mit einer der detailreichsten Prophezeiungen in der Bibel zu tun. Sie erwähnt eine endzeitliche Koalition von Staaten, zu denen Russland, die Türkei und der Iran gehören werden. Diese Länder schliessen sich zu einem militärischen Bündnis gegen Israel zusammen.

Russland ist der Anführer der vereinten Streit-kräfte, die Israel von den Bergen im Norden aus angreifen werden (d.h. von Syrien, aber Syrien selbst wird keine grosse Rolle bei dem Angriff spielen). Ihr Ziel ist es, Israel zu berauben. Gegen diesen endzeitli-chen Angriff (den Gott schnell und auf übernatürliche Weise niederschlagen wird) werden Saudi-Arabien (Hes 38,13 – Saba und Dedan) und «Tarsis und alle ihre jungen Löwen» protestieren. Viele Prophetie-Ex-perten meinen, bei Tarsis würde es sich um das heu-tige England handeln (oder möglicherweise Spanien), und die jungen Löwen seien Staaten, die aus dem Bri-tischen Empire hervorgegangen sind – inklusive Ame-rika. Wenn das stimmt, scheint diese Prophezeiung deutlich zu machen, dass Amerika nicht in der Lage sein wird, Israel militärisch zu unterstützen.

Die Bühne für dieses Szenario ist vollumfänglich bereitet. Den arabischen Frühling und den Bürger-krieg in Syrien (ab 2011) haben Russland, der Iran und die Türkei zum Anlass genommen, die politische und militärische Leere in Syrien auszufüllen. Daraus ist eine offizielle Partnerschaft zwischen diesen drei Nationen entstanden – die zusammen mit anderen, zweitrangigen Nationen wie Libyen und Sudan in der Prophezeiung aus Hesekiel 38 aufgeführt werden.

Es gibt noch viele weitere geopolitische Endzeit-zeichen einschliesslich der politischen Bemühungen um eine weltweite Regierung (die Vereinten Nationen und andere Globalisierungsorganisationen), der Gründung eines wiedererstandenen Römischen Reiches (Europäische Union) und dem Aufstieg fernöstlicher Staaten zu Supermächten (wie China). All diese Entwicklungen stehen mit konkreten endzeitlichen Prophezeiungen in Verbindung und wurden bereits vor Tausenden von Jahren vorausgesagt.

Zeichen in der Natur

In der Ölbergrede nannte Jesus verschiedene Zeichen in der Natur, die (wie Geburtswehen) an Häufigkeit und Intensität zunehmen werden, je näher wir der Zeit des Endes kommen. Halten Sie einen Augenblick inne und denken Sie an die zahlreichen ungewöhnlichen Wetterphänomene und Erdbeben zurück, die sich in den letzten 10 bis 15 Jahren ereignet haben. Es scheint, als würden wir mit jeder neuen Katastrophe immer öfter Aussagen hören wie *noch nie da gewesen*, *einmalig* oder *Jahrhundertereignis*.

Haiti. Japan. Indonesien. Chile. Pakistan. Das ist nur eine Auswahl von Orten, an denen sich in jüngster Vergangenheit verheerende Katastrophen ereignet haben. Die Welt wurde auf die zerstörerische Kraft von Erdbeben aufmerksam, die Tsunamis auslösten und mehrere Hunderttausende von Menschenleben kosteten. Einige dieser schrecklichen Ereignisse wurden sogar auf Filmmaterial gebannt. 2004 kamen bei einem Erdbeben der Stärke 9,3 im

Indischen Ozean und dem anschliessenden Tsunami 230 000 bis 280 000 Menschen ums Leben. Es war das längste und drittstärkste Erdbeben, das je aufgezeichnet wurde.

Extreme Wetterverhältnisse und seismische Aktivitäten sind das natürliche Resultat einer gefallenen Welt, die sich seufzend nach Erlösung sehnt (Röm 8,22-23). Und der Herr wusste im Voraus, dass, während *die Erde wie ein Kleid zerfällt* (Jes 51,6), die Geburtswehen und die Instabilität merklich zunehmen und auf das festgelegte Ende zusteuern werden.

Geistliche Zeichen

Es gibt positive und negative geistliche Zeichen, auf die wir achten sollten. Zu den positiven Aspekten zählen, dass wir der biblischen Prophetie zufolge damit rechnen dürfen, dass mehr Juden Jesus als ihren Messias annehmen (Mt 23,39; Röm 11,26; Offb 7,4) und alle Nationen mit dem Evangelium erreicht werden (Mt 24,14).

Zu den negativen Zeichen gehört, dass wir davon ausgehen müssen, dass wir in der Gemeinde im Allgemeinen (2Tim 3,1-5) einen Abfall vom Glauben sehen werden (ein Abwenden von der Wahrheit), dass sich falsche Christusse, Sekten und geistlicher Betrug ausbreiten (Mt 24,24), dass Juden und Christen verfolgt werden (Mt 24,9), dass Spötter auftreten (2Petr 3,3-4) und dass der Okkultismus zunimmt (Offb 9,21).

Ihren Höhepunkt erreichen diese geistlichen Tendenzen in der Drangsalszeit. Beide Seiten der geistlichen Verhältnisse werden dabei immer deutlicher zutage treten. Die Offenbarung teilt uns mit, dass okkulte Praktiken und dämonisches Handeln überall auf der Welt anzutreffen sein werden. Zugleich werden 144 000 jüdische Evangelisten weltweit mutig das Evangelium verkünden. Viele Menschen werden sich für Christus entscheiden und Ihm ihr Leben übergeben – und viele von ihnen werden den Märtyrertod sterben.

Gesellschaftliche Zeichen
Die folgende Stelle fasst die gesellschaftlichen Zeichen überzeugend zusammen:

> «Das aber sollst du wissen, dass in den letzten Tagen schlimme Zeiten eintreten werden. Denn die Menschen werden sich selbst lieben, geldgierig sein, prahlerisch, überheblich, Lästerer, den Eltern ungehorsam, undankbar, unheilig, lieblos, unversöhnlich, verleumderisch, unbeherrscht, gewalttätig, dem Guten feind, Verräter, leichtsinnig, aufgeblasen; sie lieben das Vergnügen mehr als Gott» (2Tim 3,1-4).

Wenn wir diese Worte lesen, werden wir an die aktuellen Zustände in unserer Gesellschaft erinnert.

Diese 2000 Jahre alte Prophezeiung liest sich wie ein moderner Bericht über die Menschen in der Welt von heute.

Technologische Zeichen

Viele Prophezeiungen in der Schrift weisen auf eine hoch entwickelte Technologie hin, die bestimmte zukünftige Ereignisse überhaupt erst ermöglicht. Als die alttestamentlichen Propheten Botschaften und Visionen vom Herrn empfingen, verstanden sie die Einzelheiten ihrer Prophezeiungen oftmals nicht. Vom technologischen Standpunkt aus betrachtet, war die Erfüllung vieler Prophezeiungen damals nicht möglich.

Nuklearwaffen, Satelliten- und Internetübertragung, riesige Datenspeicher, DNA-Manipulationen, künstliche Intelligenz, Überwachungssysteme, Transhumanismus und viele weitere aktuelle und aufstrebende Technologien werden in der biblischen Prophetie beschrieben oder sind notwendig, damit die Ereignisse der Endzeit stattfinden können. Heute gibt es alle Technologien, die zur Erfüllung der Endzeitprophetie erforderlich sind!

Konvergenz

Eine andere häufig gebrauchte Analogie, die deutlich macht, wie weit fortgeschritten die Endzeit ist, ist die eines kurz vor dem Beginn stehenden Theaterstücks.

Sie schauen sich im Theater um und stellen fest, dass die Leute ihre Plätze einnehmen und das Haus sich langsam füllt. Der Bühnenvorhang ist noch immer geschlossen, aber Sie hören, wie dahinter Personen hin- und hergehen. Sie nehmen die hinter dem Vorhang herrschende Geschäftigkeit wahr und malen sich aus, wie Requisiten in Position gebracht werden. Sie warten nur darauf, dass die Lichter ausgehen und der Vorhang sich öffnet – und dann geht es los!

Die Tatsache, dass jede einzelne Kategorie mit Endzeitzeichen heute bereitsteht, sollte unsere Aufmerksamkeit auf sich ziehen. Noch nie zuvor in der Geschichte sind die erforderlichen Ereignisse und Bedingungen in diesem Masse zusammengetroffen.

Wie nahe sind wir?

Alle diese Kategorien mit Endzeitzeichen – und insbesondere ihr Zusammentreffen – lassen darauf schliessen, dass wir der Wiederkunft des Herrn wahrscheinlich sehr nahe sind. Wie wir bereits erwähnt haben, steht in der Heiligen Schrift ganz klar, dass kein Mensch den Tag oder die Stunde kennt (Mt 24,36). Wenn wir uns jedoch die vielen Zeichen ansehen, können wir wissen, dass Seine Wiederkunft immer näher rückt (Mt 24,33; Lk 21,28; Hebr 10,25).

KAPITEL 6

Hat die Gemeinde in den Zukunftsplänen Gottes Israel ersetzt?

Die Gemeinde hat Israel nicht ersetzt, und die Juden sind nach wie vor Gottes auserwähltes Volk. Das ist ein sehr bedeutender Aspekt der biblischen Endzeitprophetie. Einige Verheissungen Gottes an Israel waren an Bedingungen gebunden und beruhten auf dem Gehorsam des Volkes – mit angekündigten Konsequenzen bei Ungehorsam (5Mo 28). Und waren sie ungehorsam, trafen die Konsequenzen auch ein. Von den an Bedingungen geknüpften Verheissungen abgesehen gab Gott aber auch konkrete bedingungslose Verheissungen an (und Prophezeiungen über) Israel.

In 1. Mose 15,12-19 steht, wie Gott mit Abraham einen einseitigen bedingungslosen Bund schloss, der unter anderem die Verheissung auf das Land Israel für Abrahams Nachkommen beinhaltete. In seiner ganzen Geschichte hat Israel das Land nie in der vollen Ausdehnung, die Gott in diesem alten bedingungslosen Bund angegeben hatte (vom Nil bis zum Euphrat), besessen.

Es lassen sich auch viele konkrete Verheissungen (z.B. in den Psalmen, Jesaja, Jeremia, Hesekiel, Daniel, Hosea, Micha, Matthäus, Lukas und Offenbarung) über ein zukünftiges, goldenes Zeitalter finden, in dem der Messias von Jerusalem aus über die ganze Welt herrschen wird. Dann wird es im Tierreich keine Fleischfresser mehr geben, und die Topografie Jerusalems wird sich vollkommen verändert haben.

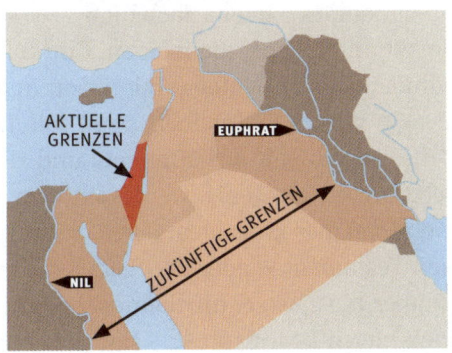

Diese Prophezeiungen über das Reich sind offensichtlich noch nicht erfüllt worden. Aber sie werden im zukünftigen Tausendjährigen Reich nach dem Ende der siebenjährigen Drangsalszeit erfüllt werden. Diese klaren und konkreten prophetischen Details (die einen beträchtlichen Teil der Schrift ausmachen) müssten allegorisiert, ignoriert oder absichtlich wegerklärt werden, wenn Gott keine Zukunftspläne mit Israel hätte.

Gottes Verheissungen sind dauerhaft

Wenn Sie Zweifel an den ewigen Plänen Gottes mit dem jüdischen Volk haben sollten, dann lesen Sie einfach 1. Mose 17,7. Dort sagt Gott unmissverständlich: «Und ich will meinen Bund aufrichten zwischen mir und dir und deinem Samen nach dir von Geschlecht zu Geschlecht als einen ewigen Bund, dein Gott zu sein und der deines Samens nach dir.»

Als Reaktion auf jene, die meinen, Gott habe Sein auserwähltes Volk verworfen, erklärt Gott in Jeremia 33,25-26: «So gewiss ich meinen Bund mit Tag und Nacht, die Ordnungen des Himmels und der Erde festgesetzt habe, so wenig werde ich den Samen Jakobs und meines Knechtes David verwerfen ...» Im Neuen Testament wiederholt Paulus diese Tatsache in Römer 11,1-2, wo er die rhetorische Frage stellt (und auch gleich beantwortet): «Hat Gott etwa sein Volk verstossen? Das sei ferne! Denn auch ich bin ein Israelit, aus dem Samen Abrahams, aus dem Stamm Benjamin. Gott hat sein Volk nicht verstossen, das er zuvor ersehen hat!»

Paulus beendet diesen Abschnitt des Römerbriefes (über den Unterschied zwischen dem Plan Gottes für Israel und die Gemeinde), indem er auf einen zukünftigen Tag am Ende des Gemeindezeitalters hinweist, an dem sich ganz Israel an den wahren Messias wenden wird, um von Ihm erlöst zu werden. In Römer 11,25-26 schreibt er: «Denn ich will nicht, meine Brüder, dass euch dieses Geheimnis unbekannt bleibt, damit ihr euch nicht selbst für klug haltet: Israel ist zum Teil Verstockung widerfahren, bis die Vollzahl der Heiden eingegangen ist; und so wird ganz Israel gerettet werden ...» Paulus bezog sich auf den zukünftigen Augenblick, über den Jesus in Matthäus 23,39 prophezeite: «Ich sage euch: Ihr werdet mich von jetzt an nicht mehr sehen, bis ihr sprechen werdet: ‹Gepriesen sei der, welcher kommt im Namen des Herrn!›»

Um gerettet zu werden, muss jeder Mensch Christus persönlich als seinen Erlöser annehmen (Apg 4,12; Röm 3,23-31; 10,1.4). Was die Gemeinde und Israel als Einheiten angeht, so hat Gott für beide sehr unterschiedliche Absichten. Wie könnten wir Gottes bedingungslosen Verheissungen an die Gemeinde vertrauen, wenn Er Seine bedingungslosen Verheissungen an Israel brechen würde?

Die wichtigsten Sichtweisen

Im Wesentlichen gibt es drei Ansätze, um die Beziehung zwischen der Gemeinde und Israel zu verstehen. Die *Substitutionstheologie* lehrt, dass die Gemeinde Israel ersetzt hat und alle an Israel gegebenen Verheissungen jetzt auf die Gemeinde übertragen wurden. Die *Bundestheologie* lehrt, dass die Gemeinde eine Erweiterung oder ein Ableger Israels ist. Keine dieser beiden Sichtweisen legt die biblische Prophetie durchgehend wörtlich aus.

Der dritte Ansatz, den wir für den richtigen halten, besagt, dass die Bibel von 1. Mose bis zur Offenbarung konsequent wörtlich ausgelegt werden sollte. Die sich aus diesem Ansatz ergebenden Schlussfolgerungen zeigen deutlich, dass Gott zwei unterschiedliche Pläne hat – einen für Israel und einen anderen für die Gemeinde. Dieser Ansatz nennt sich *Dispensationalismus*. Er stimmt mit der Bibel überein und lehrt, dass Menschen allein durch die Gnade mittels des Glaubens errettet werden und Gott zwei unterschiedliche Absichten (und noch nicht erfüllte zukünftige Prophezeiungen) für beide Gruppen hat. Israel und die Gemeinde werden sich im kommenden Tausendjährigen Reich und letztendlich in der Ewigkeit auf wunderbare Weise vereinen.

DREI SICHTWEISEN ÜBER DIE BEZIEHUNG ZWISCHEN
ISRAEL UND DER GEMEINDE

SUBSTITUTIONSTHEOLOGIE	BUNDESTHEOLOGIE	DISPENSATIONALISMUS
Die Gemeinde ersetzt Israel	Die Gemeinde ist Ableger oder Fortsetzung Israels	Israel und die Gemeinde unterscheiden sich!
(Allegorisierung der Verheissungen an Israel)	(Allegorisierung der Verheissungen an Israel)	(Die Verheissungen an Israel sind wörtlich gemeint und noch in Kraft)

Alle drei Sichtweisen stimmen überein, dass man sich persönlich für die Nachfolge Jesu entscheiden muss, um gerettet zu werden.

Israel ist entscheidend für die Endzeitprophetie

In der Endzeitprophetie spielen Israel und das jüdische Volk eine wichtige Rolle. Wie wir bereits in Kapitel 5 erwähnt haben, ist Israels Wiedergeburt für Prophetie-Experten das Superzeichen der Endzeit.

Das hat zwei Gründe: Erstens hängen alle anderen Endzeitzeichen davon ab, dass dieses eine Zeichen eingetroffen ist. Und der zweite Grund ist der blosse Umfang dieses Zeichens und die Unmöglichkeit, dass diese Wiedergeburt durch einen historischen Zufall zustande gekommen sein könnte.

Mit Ausnahme von Jona sagte jeder alttestamentliche Prophet voraus, dass Israel wieder eine Nation würde. Beachten Sie die folgenden Verse, die vor 2600 Jahren geschrieben wurden:

Jeremia 16,14-15: «Doch siehe, es kommen Tage, spricht der Herr, da man nicht mehr sagen wird: ‹So wahr der Herr lebt, der die Kinder Israels aus dem Land Ägypten heraufgeführt hat!›, sondern: ‹So wahr der Herr lebt, der die Kinder Israels heraufgeführt hat aus dem Land des Nordens und aus allen Ländern, wohin er sie verstossen hatte!› Denn ich will sie wieder in ihr Land zurückbringen, das ich ihren Vätern gegeben habe.»

Hesekiel 36,24: «Denn ich will euch aus den Heidenvölkern herausholen und aus allen Ländern sammeln und euch wieder in euer Land bringen.»

Jesaja 11,11: «Und es wird geschehen an jenem Tag, da wird der Herr zum zweiten Mal seine Hand ausstrecken, um den Überrest seines Volkes, der übrig geblieben ist, loszukaufen.»

Das letzte Buch der Bibel, die Offenbarung, beschreibt das Ende des Gemeindezeitalters und wie Gott Seinen Fokus wieder auf Israel lenkt. In den 404 Versen der Offenbarung gibt es mehr als 800 direkte Hinweise auf das Alte Testament. Wir lesen auch von zwei jüdischen Zeugen, 144 000 jüdischen Evangelisten und einem deutlichen Schwerpunkt auf Israel, Jerusalem und den jüdischen Tempel in der Endzeit.

In der Drangsalszeit wird die Gemeinde bei Jesus im Himmel sein (Offb 4,1.4-5.9-11), während Gott das böse Weltsystem richtet und das Herz des jüdischen Volkes zum wahren Messias hinwendet (Offb 7,1-8; 11,3-12; 12,1-6; 14,1-4).

Nach der Drangsalszeit werden die Gemeinde und Israel auf wunderbare Weise verschmelzen. In der Ewigkeit wird Gott eine Stadt einführen, die wir als das neue Jerusalem kennen. Sie wird zwölf Tore mit den Namen der zwölf Stämme Israels (Offb 21,12) und zwölf Grundsteine mit den Namen der zwölf Apostel haben (V. 14). Israel (alle aus dem jüdischen Volk, die Christus angenommen haben) und die Gemeinde (alle Nichtjuden, die Christus angenommen haben) werden sich übergangslos vermischen und zusammen Gottes Gegenwart in alle Ewigkeit geniessen.

KAPITEL 7

Ist das Reich Gottes schon angebrochen?

Woran denken Sie, wenn Sie den Ausdruck *das Reich Gottes* hören? Sehr wahrscheinlich haben Sie schon einmal die Worte des Vaterunsers gesprochen: «Dein Reich komme. Dein Wille geschehe, wie im Himmel, so auch auf Erden» (Mt 6,10). Aber haben Sie sich auch einmal gefragt, was dieses Reich eigentlich ist? Und wann es kommt, wenn überhaupt? Oder wie es aussehen wird? Stellen Sie sich Gott auf Seinem Thron im Himmel vor? Oder sind Ihre Gedanken voll von Bildern einer zukünftigen Herrlichkeit? Vielleicht hat man Ihnen auch gesagt, dass Sein Reich nicht erst zukünftig, sondern schon jetzt und hier Realität ist.

«DEIN **REICH** KOMME.»
«DEIN WILLE GESCHEHE, WIE **IM HIMMEL,** SO AUCH **AUF ERDEN.**»

Was die Bibel über das Reich Gottes sagt

Das Alte Testament
Schon im Alten Testament war das Reich Gottes ein weit verbreitetes Thema. König David betete:

> «Dein, o Herr, ist die Majestät und die Gewalt und die Herrlichkeit und der Glanz und der Ruhm! Denn alles, was im Himmel und auf Erden ist, das ist dein.

Dein, o Herr, ist das Reich, und du bist als Haupt über alles erhaben! Reichtum und Ehre kommen von dir! Du herrschst über alles; in deiner Hand stehen Kraft und Macht; in deiner Hand steht es, alles gross und stark zu machen!» (1Chr 29,11-12).

König Nebukadnezar bekannte: «Dessen Herrschaft eine ewige Herrschaft ist und dessen Reich von Geschlecht zu Geschlecht währt» (Dan 4,31). König Darius erklärte: «Denn er ist der lebendige Gott, welcher in Ewigkeit bleibt, und sein Königreich wird nie zugrunde gehen, und seine Herrschaft hat kein Ende» (Dan 6,27).

Die Psalmisten waren derselben Meinung:

- «Der Herr ist König immer und ewig ...» (Ps 10,16).
- «Der Herr regiert als König! ... Dein Thron steht fest von Anbeginn ...» (Ps 93,1-2).
- «Denn der Herr ist ein grosser Gott und ein grosser König über alle Götter» (Ps 95,3).
- «Sagt unter den Heiden: Der Herr regiert als König!» (Ps 96,10).
- «Aber unser Gott ist im Himmel; er tut alles, was ihm wohlgefällt» (Ps 115,3).

Der Prophet Jesaja schrieb: «Denn ein Kind ist uns geboren, ein Sohn ist uns gegeben; und die Herrschaft ruht auf seiner Schulter» (Jes 9,5).

Das Alte Testament stellt Gott als einen mächtigen Herrscher über Sein Reich dar. Und wenn wir zu den Evangelien kommen, erfahren wir noch konkretere und unmittelbarere Aspekte Seines Reiches.

Das Neue Testament
Sowohl Johannes der Täufer als auch Jesus forderten die Menschen auf: «Tut Busse, denn das Reich der Himmel ist nahe herbeigekommen!» (Mt 3,2; 4,17). Ausserdem sagte Jesus:

- «Denn siehe, das Reich Gottes ist mitten unter euch» (Lk 17,21).
- «Mein Reich ist nicht von dieser Welt ...» (Joh 18,36).
- «Weil es euch gegeben ist, die Geheimnisse des Reiches der Himmel zu verstehen ...» (Mt 13,11).

In der Bibel steht auch, dass die Gläubigen eines Tages mit Christus auf der Erde herrschen werden (Offb 3,21; 5,10; 20,4.6; 22,5).

Die Reichweite des Reiches Gottes
Ist Gottes Reich also hier, dort oder *überall?* Die Antwort lautet ganz einfach: Ja, ja und ja!

Das mag uns ein bisschen zu komplex erscheinen. Was die Sache noch komplizierter macht, ist die Tatsache, dass der Teufel ebenfalls ein eigenes Reich für sich beansprucht.

«Da führte der Teufel ihn auf einen hohen Berg und zeigte ihm alle Reiche der Welt in einem Augenblick. Und der Teufel sprach zu ihm: Dir will ich alle diese Macht und ihre Herrlichkeit geben; denn sie ist mir übergeben, und ich gebe sie, wem ich will» (Lk 4,5-6).

Interessanterweise bestritt Jesus hier nicht den Anspruch des Teufels auf die Reiche der Welt, sondern erkannte ihn an (Joh 12,31; 14,30; 16,11). Johannes sollte später schreiben: «Die ganze Welt [befindet] sich im Bösen» (1Joh 5,19).

Wem gehört die Welt also – Gott oder dem Teufel? Auch wenn Sie jetzt etwas verwirrt sein sollten, bitte nicht verzweifeln. Es ist möglich, das Ganze viel besser zu verstehen. Wenn in der Bibel vom Reich Gottes die Rede ist, ist normalerweise Seine Souveränität oder Herrschaft über alles gemeint. Gott ist der höchste Herrscher in Ewigkeit. Noch bevor Er das Universum schuf, herrschte Er im Himmel. Und Adam schuf Er zum Mitherrscher über die Erde und das Tierreich (1Mo 1,26-28). Leider verspielte Adam seinen privilegierten Status, als er und seine Frau Eva im Garten Eden sündigten. Statt sich die Erde zu unterwerfen und über die Tiere zu herrschen, sollte der Mensch nun den Boden bestellen, um Nahrung zu bekommen (1Mo 3,17-19).

Gottes rechtmässige Herrschaft über Seine Schöpfung wurde ein weiteres Mal in den sündigen Tagen Noahs infrage gestellt. Wieder brachte Gott Sein Gericht über die Erde. Dieses Mal sandte Er eine weltweite Flut, die die Menschheit auslöschte (1Mo 6–9). Letztlich nahm Er den Plan mit Seinem Reich wieder auf, indem Er eine besondere Beziehung zur jüdischen Nation Israel aufbaute. Diese Beziehung wurde durch verschiedene «Verheissungsvereinbarungen» (oder Bündnisse) mit Abraham (1Mo 12,1-3; 15,1-21) und David (2Sam 7,14) untermauert.

Zum richtigen Zeitpunkt sandte Gott Seinen Sohn, der ihr Messias werden sollte. Jesus kam und stellte sich dem jüdischen Volk als sein gerechter König vor. Deshalb sagten Er und Johannes der Täufer, dass das Reich Gottes «nahe» und «mitten unter euch» ist (Mk 1,15; Lk 17,21). Statt Gottes Sohn als seinen prophezeiten König anzunehmen, lehnte Israel Ihn und Sein Angebot des Reiches ab (Mt 12,24; 21,43-44). Der Apostel Johannes berichtet: «Er kam in sein Eigentum, und die Seinen nahmen ihn nicht auf» (Joh 1,11).

Als Folge musste die seit Langem erwartete Erfüllung des verheissenen Reiches Gottes auf einen späteren Zeitpunkt verschoben werden. Das gesamte Gemeindezeitalter und die zukünftige Drangsalszeit werden verstreichen müssen, bevor zukünftige Aspekte des Reiches Gottes für Israel Realität werden (Jes 60,1-22; Röm 11,26-27).

Die Ausdrucksformen des Reiches Gottes

Zwei äusserst wichtige Ausdrucksformen dieses Reiches sind:

1. *Das Tausendjährige Reich Christi* (Ps 2,6-9; Dan 7,13-14; Sach 14,9; Offb 20). In Offenbarung 20 wiederholt Johannes in den ersten sieben Versen sechsmal den Ausdruck «1000 Jahre» (V. 2-7). Damit will er deutlich machen: Dieses Reich ist wörtlich zu verstehen, und es wird auch buchstäblich eintausend Jahre dauern. Die lateinische Übersetzung von «1000 Jahre» ist das Wort *Millennium*. Diese irdische, physische Herrschaft Christi wird nicht nur von Seiner königlichen Souveränität gekennzeichnet sein (Jes 11,4), sondern auch von Gerechtigkeit (Jes 11,3-5; 32,1) und Heiligkeit (Sach 14,20-21). In Kapitel 9 werden wir noch näher auf dieses Tausendjährige Reich eingehen.

2. *Das ewige Reich* (2Mo 15,18; Hebr 1,8). Das bezieht sich auf die Tatsache, dass Gottes Herrschaft für immer besteht, ohne unterbrochen oder angefochten zu werden (1Kor 15,23-28).

«Und der siebte Engel stiess in die Posaune; da ertönten laute Stimmen im Himmel, die sprachen: Die Königreiche der Welt sind unserem Herrn und seinem Christus zuteilgeworden, und er wird herrschen von Ewigkeit zu Ewigkeit! Und die 24 Ältesten, die vor Gott auf ihren Thronen sassen, fielen auf ihr Angesicht und beteten Gott an und sprachen: Wir danken dir, o Herr, Gott, du Allmächtiger, der du bist und der du warst und der du kommst, dass du deine grosse Macht an dich genommen und die Königsherrschaft angetreten hast!» (Offb 11,15-17).

Im neuen Himmel und auf der neuen Erde wird Jesus von Ewigkeit zu Ewigkeit als König herrschen (Ps 9,8; 146,10; 2Petr 3,13).

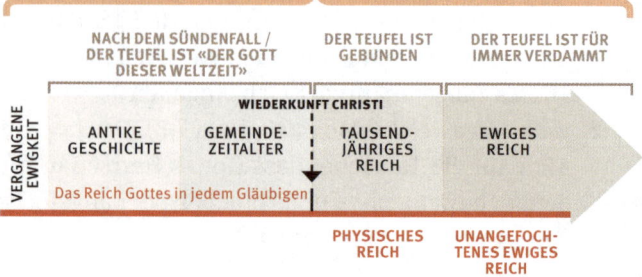

Teilhabe am Reich Gottes

Inwiefern können wir sagen, dass Sein Reich hier und jetzt ist, wenn die Aufrichtung des Reiches Gottes zukünftig ist? Und wie können wir daran teilhaben?

Erstens sollten wir wissen, dass Gott nie aufgehört hat, über das Universum zu herrschen. Er hat immer darüber geherrscht und wird es immer tun (Ps 47,9; 93,1-5). Auch wenn es dem Teufel gegenwärtig gestattet ist, «der Gott dieser Weltzeit» zu sein (2Kor 4,4), steht der Herr nach wie vor souverän über ihm und allem Bösen. Und bei der Wiederkunft Jesu wird Er jeglicher Herrschaft des Teufels und der Dämonen offiziell ein Ende bereiten. Zu Beginn des Tausendjährigen Reiches wird Gott den ganzen Machtbereich des Teufels für sich beanspruchen und für immer übernehmen, was rechtmässig Ihm gehört als «König der Könige und Herr der Herren» (Offb 19,16). Das irdische Reich des Teufels wird nicht mehr existieren.

Zweitens herrscht Gott als König auch in den Herzen der Gläubigen und in der Gemeinde, deren Haupt Er ist (Kol 1,18; 1Petr 3,15).

Auf der Erde leben Christen unter der Herrschaft (oder im Reich) Christi, der uns aus der Herrschaft (aus dem Reich) der Finsternis gerettet hat (Kol 1,13-14). Einst waren wir dem Teufel und unserem Ich treu, jetzt aber unterstellen wir uns der Person, die wir zu unserem Herrn und König gemacht haben (Mt 23,8-10; Kol 3,24). Das motiviert uns, die Art von Leben zu führen, die diesem Reich würdig ist (1Thes 2,13). Das Reich Gottes zeichnet sich nicht durch schlaue Worte oder Philosophien aus, sondern durch die Kraft des

Heiligen Geistes, der jetzt in und durch uns wirkt (1Kor 2,1-5; 4,20).

Es ist unser Privileg, Gott in Seinem Reich zu dienen, indem wir anderen helfen, Ihn durch die Erlösung im Glauben an Christus kennenzulernen (Mt 6,33; Apg 28,31; 2Kor 5,20).

Ob in der Vergangenheit mit Israel, in der Gegenwart durch die Gemeinde oder zukünftig durch die Herrschaft Christi und die Aufrichtung des davidischen Thrones: Das Reich Gottes zeigt sich stets in verschiedenen Formen. Und jedes Mal bleibt Gott der unübertroffene Herrscher über das Universum.

KAPITEL 8

Welche unterschiedlichen Sichtweisen über die Endzeit gibt es, und warum ist es wichtig, sie auseinanderzuhalten?

Haben Sie sich je gefragt, warum so viele Sichtweisen über die Endzeit existieren? Warum gibt es Spaltungen und Meinungsverschiedenheiten unter Bibelgelehrten und gottesfürchtigen Menschen? Und bedeutet diese Uneinigkeit, dass der eigene Standpunkt zur Endzeit unwichtig oder möglicherweise optional ist? Ist es wirklich notwendig, dass wir eine konkrete Sicht von der Entrückung, der Wiederkunft Jesu und dem Tausendjährigen Reich vertreten? Oder sollten wir offen bleiben und es Gott überlassen, die Details zu klären?

Fangen wir mit dem Offensichtlichen an: Da Gott uns in Seinem Wort so viele Informationen zu diesen Ereignissen gegeben hat, müssen sie für Ihn von grosser Bedeutung sein ... und somit auch für uns. Und weil die ganze Schrift zu unserem Nutzen ist, sind die Lehren über die letzten Tage und die Wiederkunft Christi keineswegs unwesentliche oder nebensächliche Themen.

Zweitens: Wenn wir sagen, die Sichtweise einer Person über eine bestimmte Lehre sei unbedeutend, nur weil deswegen Unstimmigkeiten herrschen, dann werten wir damit nicht nur die Lehre, sondern auch das Wort Gottes selbst ab. In der Bibel finden sich viele wichtige Lehren, über die im Laufe der Jahrhunderte heiss diskutiert und gestritten wurde. Das mindert aber nicht im Geringsten die Bedeutung dieser Lehren.

Gleichzeitig sagt die Ansicht einer Person über die Endzeit rein gar nichts über ihre Rettung oder Beziehung zu Jesus Christus aus. Gott verlangt von niemandem eine bestimmte Auffassung vom Zeitpunkt der Entrückung, um ein Christ werden zu können. Ebenso wenig bedeutet es, dass einige Leute bessere Christen sind als andere, nur weil sie einen bestimmten Standpunkt vertreten. Dennoch, da die Bibel prophetische Aussagen trifft, sind sie auch von Bedeutung.

Welche unterschiedlichen Sichtweisen gibt es? Wie kommen die Menschen zu ihrem jeweiligen Standpunkt? Und welche Sichtweisen ergeben biblisch den meisten Sinn?

Ihr Ansatz der Bibelauslegung beeinflusst Ihre Sichtweise

Ein wichtiges Prinzip ist, dass Ihre Überzeugung in Bezug auf die Endzeit von Ihrer Herangehensweise an die Bibelauslegung bestimmt wird. Bibelauslegung (Hermeneutik) ist ein Fachgebiet mit ernsthaften Auswirkungen. Wie man an die Auslegung des Wortes Gottes herangeht, bestimmt das Ziel.

Wenn sich beispielsweise ein Flugzeug der Landebahn nähert, muss es sich an gewissen Markierungspunkten orientieren, um die Piste nicht zu verfehlen. Der Pilot muss vorab seine Koordinaten einstellen und dann dafür sorgen, dass er den ganzen Weg über auf Kurs bleibt. Wenn er bereits am Anfang seiner Reise davon abkommt, wird er die Landebahn, den Flughafen und möglicherweise sogar die Stadt verpassen. Dasselbe gilt für die Auslegung der Bibel und der Prophetie: Wie Sie anfangen, bestimmt, wo Sie landen. Wenn Sie mit einem fehlerhaften Ansatz starten, werden Sie die «Landebahn» (also die Bedeutung einer Bibelstelle) mit Sicherheit verfehlen.

Es gibt zwei generelle Methoden, wie man die Endzeit studieren kann: die wörtliche und die allegorische Methode. Der wörtliche Ansatz nimmt Bibelstellen beim Wort und geht davon aus, dass sie genau das sagen, was sie meinen, und meinen, was sie sagen. Eine gute Regel für das Bibelstudium ist: Wenn die offensichtliche Bedeutung der Schrift Sinn ergibt, dann suchen Sie nach keinem anderen Sinn, andernfalls kommt nur *Unsinn* dabei heraus!

Der allegorische Ansatz hingegen vertritt den Standpunkt, dass die Worte der Bibel auf etwas anderes hindeuten und eine tiefere geistliche oder symbolische Bedeutung haben. Oftmals wird diese Bedeutung jedoch vom Ausleger willkürlich festgelegt. Da die Bedeutung als allegorisch angesehen wird, kommen unterschiedliche Bibelausleger zu verschiedenen Ergebnissen.

Der wörtliche Ansatz führt Sie zu bestimmten Ansichten über die Offenbarung und die Endzeit, während der allegorische Ansatz zu einer Vielzahl von möglichen Auffassungen zerfällt. Wie diese Methoden funktionieren, werden wir später in diesem Kapitel noch behandeln.

Vier Hauptansichten der Endzeit und der Offenbarung

Die vier folgenden Ansichten über die Offenbarung und die Endzeit sind am weitesten verbreitet:

1. *Die präteristische Sicht:* Die Offenbarung ereignete sich bereits im ersten Jahrhundert. Ihre Prophezeiungen haben sich schon erfüllt. Jesus kehrte 70 n.Chr. zurück und der Teufel wurde schon in den Feuersee geworfen.

2. *Die historistische Sicht:* Die Endzeitprophezeiungen wurden seit dem ersten Jahrhundert und während der ganzen Kirchengeschichte erfüllt. Das ist die schwächste und am wenigsten verbreitete Sicht.

3. *Die symbolische Sicht:* Das Buch Daniel und die Offenbarung werden vergeistlicht, sodass sie fast jede Bedeutung annehmen können, die man ihnen geben will. Laut dieser Sichtweise wurde keine Prophezeiung wörtlich erfüllt. Sie weisen vielmehr auf tiefere geistliche Bedeutungen hin (z.B. sind dann der Antichrist und der falsche Prophet keine realen Personen, sondern stehen für das Prinzip des Bösen, und Harmageddon ist dann keine wirkliche Schlacht, sondern repräsen-

tiert lediglich den Kampf zwischen Gut [Gott] und Böse).

4. *Die futuristische Sicht:* Die Prophezeiungen in der Offenbarung sind noch nicht erfüllt worden. Wenn die Zeit gekommen ist, werden sie sich genauso ereignen, wie in diesem Buch beschrieben. Dieser Standpunkt lässt die auftretenden Symbole oder Redewendungen nicht unberücksichtigt, sondern anerkennt, dass Johannes sie auch als solche darstellt, wenn er sie verwendet – wie beispielsweise in Offenbarung 5,8 (die goldenen Schalen mit Räucherwerk sind Gebete); 11,8 (die grosse Stadt Sodom ist Jerusalem); 12,1-2 (die Frau und das Kind sind Israel und Christus); 12,6.14 («eine Zeit und zwei Zeiten und eine halbe Zeit» sind 1260 Tage); 17,1.18 (die grosse Hure ist Babylon); 17,12 (die zehn Hörner sind zehn Könige); 17,9-12 (die zehn Könige/Köpfe lassen sich leicht erklären, wenn man die Geschichte aus der Sicht von Johannes im ersten Jahrhundert betrachtet).

BEREITS GESCHEHEN
PRÄTERISTISCH

ÜBERBLICK ÜBER DIE KIRCHENGESCHICHTE
HISTORISTISCH

NUR ALLEGORISCH
SYMBOLISCH

WÖRTLICHE ERFÜLLUNG
FUTURISTISCH

Von den vier beschriebenen Standpunkten legt nur die futuristische Sicht die Bibel wörtlich aus. Da jede Prophezeiung zum ersten Kommen Jesu wörtlich und genau erfüllt wurde, macht es Sinn, anzunehmen, dass zukünftige Prophezeiungen ebenso wörtlich erfüllt werden. Denn keine der Prophezeiungen über das erste Kommen wurde bildlich oder symbolisch erfüllt.

Unterschiedliche Ansichten über die Entrückung und das Tausendjährige Reich

Drei Sichtweisen zur Entrückung
Die Auffassungen über die glückselige Hoffnung (Tit 2,13) haben allesamt mit dem *Zeitpunkt* zu tun. Mit

anderen Worten: All diese Sichtweisen setzen die Entrückung voraus, unterscheiden sich aber in dem Punkt, *wann* Jesus kommen und Seine Braut zu sich nehmen wird.

- Die prätribulationistische Sicht besagt, dass Christus *vor* der in Offenbarung 6 bis 19 beschriebenen Drangsalszeit wiederkommen wird.
- Die Sicht, dass die Entrückung zur Mitte der Drangsalszeit stattfindet, bedeutet, dass Jesus *nach der ersten Hälfte* der Drangsalszeit wiederkommt. Seine Wiederkunft wird mit zwei Ereignissen zusammenfallen: Der Antichrist entweiht den jüdischen Tempel und die Menschen nehmen das Zeichen des Tieres an (Offb 12–13).
- Die posttribulationistische Sicht vertritt, dass Christen die ganze Drangsalszeit durchstehen müssen und erst vor dem zweiten Kommen Christi (Harmageddon) gerettet werden.

Es gibt noch eine vierte Sicht: die Entrückung vor dem Zorn Gottes. Diese besagt, die Entrückung werde nach fünfeinhalb Jahren Drangsalszeit stattfinden. Zu diesem Zeitpunkt, meinen ihre Vertreter, werde das sechste Siegel geöffnet (Offb 6,12) und Gottes Zorn ausgegossen.

Eine in Vergessenheit geratene fünfte Sicht besagt, dass nur bestimmte Gläubige bei der Entrückung weggenommen werden, während ungehorsame Christen zurückbleiben und die Drangsalszeit zu ertragen haben. Nur sehr wenige ernsthafte Bibelausleger vertreten diese Teilentrückungssicht.

Drei Sichtweisen zum Tausendjährigen Reich
Wie Sie sich vielleicht denken können, gibt es auch hinsichtlich des Wesens der tausendjährigen Herrschaft Jesu eine Vielzahl von Auslegungen. Noch einmal, sie alle hängen davon ab, welche Herangehensweise an die Schrift man wählt (ob wörtlich oder allegorisch).

Amillennialismus: Diese Sicht besagt, dass das Tausendjährige Reich nur ein Symbol für die Herrschaft Christi im Gemeindezeitalter ist. Am Ende der Zeit der Gemeinde wird Er dann bei Seinem zweiten Kommen wiederkommen. Amillennialisten müssen die Ereignisse der Drangsalszeit vergeistlichen, um ihre Schlussfolgerungen ziehen zu können. Manche Amillennialisten sind auch Präteristen und glauben, dass Teile der Offenbarung im 1. Jahrhundert erfüllt wurden.

Postmillennialismus: Vertreter dieser Sicht müssen die Offenbarung ebenfalls vergeistlichen. Sie halten die Zeit der Gemeinde für die tausendjährige Herrschaft Christi. Sie glauben, dass die Gemeinde das zweite Kommen Christi einleiten wird, indem sie die Welt mehr und mehr christianisieren. Wie sich aber zeigt, lassen die Geschichte und der moralische und geistliche Zerfall in der heutigen Zeit diese Sicht nicht sonderlich glaubwürdig erscheinen.

Prämillennialismus: Prämillennialisten glauben an eine buchstäblich tausend Jahre dauernde Herrschaft Christi auf Erden nach den Gerichten der siebenjährigen Drangsalszeit. Nimmt man die Offenbarung beim Wort, kann niemand behaupten, dass die Gerichtssiegel, -posaunen und -schalen zu irgendeinem Zeitpunkt in den letzten 2000 Jahren stattgefunden haben.

DIE DREI SICHTWEISEN
ZUM TAUSENDJÄHRIGEN REICH

PRÄMILLENNIALISTISCH

WIEDERKUNFT CHRISTI

| ZEIT DER GEMEINDE | DRANGSALS-ZEIT | TAUSEND-JÄHRIGES REICH | EWIGER ZUSTAND |

POSTMILLENNIALISTISCH

WIEDERKUNFT CHRISTI

ZEIT DER GEMEINDE WIRD ZUM TAUSENDJÄHRIGEN REICH
(christianisierte Welt)

EWIGER ZUSTAND

AMILLENNIALISTISCH

WIEDERKUNFT CHRISTI

GANZE ZEIT DER GEMEINDE IST EIN SYMBOLISCHES TAUSENDJÄHRIGES REICH

EWIGER ZUSTAND

Worin wir uns trotz aller Uneinigkeit einig sind

Welche dieser Sichtweisen ist richtig? Ist es möglich, dass sie alle Elemente der Wahrheit enthalten? Muss eine richtiger sein als die anderen? Ja, denn jede dieser Sichtweisen schliesst die anderen aus (d.h. die Gerichte der Offenbarung können nicht wörtlich *und gleichzeitig* bildlich sein). Wie also gehen wir als Christen mit der Tatsache um, dass es unter uns verschiedene Ansichten über die Endzeit gibt?

Erstens ist es legitim, wenn sich Christen gegenseitig respektieren und dabei doch uneinig sind in Lehrfragen, die nicht die absolut wesentlichen Dinge des Glaubens berühren – wie zum Beispiel die Lehre über die Rettung. Wir müssen in Endzeitsfragen nicht hundertprozentig übereinstimmen, um Gemeinschaft zu haben und uns über unser Einssein in Christus zu freuen.

Zweitens räumen sogar Befürworter der wörtlichen Auslegungsmethode ein, dass in bestimmten Bereichen der biblischen Prophetie noch immer Unklarheiten bestehen. Nicht jedes prophetische Detail über die Zukunft wird uns im Buch Daniel und in der Offenbarung dargelegt. Gott hat uns in Seinem Wort nicht alle Einzelheiten geoffenbart. Aber so ist Er von Anfang an vorgegangen.[10] Tatsächlich gibt es Details, die momentan niemand wissen kann.

Drittens ist es, obschon es Raum für unterschiedliche Standpunkte gibt, *nicht* in Ordnung, wenn Christen nichts über die Endzeit erfahren oder die verschiedenen Sichtweisen nicht richtig verstehen wollen. Dem Apostel Paulus war es sehr wichtig, dass Christen über die Wahrheiten der letzten Tage informiert, von ihnen überzeugt und durch sie getröstet wurden (1Thes 4,13.18; 2Thes 2,1-2.5).

Viertens ist es wirklich von Bedeutung, was Sie glauben. Denn Ihre Sicht von der Endzeit hat Auswirkungen auf Ihre aktuelle Haltung und Ihr Verhalten (Joh 16,1-4). Das ist Gottes Absicht (Tit 2,13-15; 2Petr 3,14; 1Joh 3,2-3).

KAPITEL 9

Wie kann die biblische Prophetie dazu beitragen, Skeptiker und Ungläubige zu überzeugen?

Es kann für Christen sehr herausfordernd und einschüchternd sein, den Glauben in einer Gesellschaft zu verteidigen, die eine immer feindseligere Haltung gegenüber dem Christentum und der Bibel einnimmt. Manchmal mögen wir uns in der Minderheit, ausgetrickst und somit verloren fühlen. Nicht, dass wir die Wahrheiten der Bibel nicht glauben würden, aber wir haben Probleme, diese Wahrheiten zu verteidigen, insbesondere gegenüber Skeptikern, die über Jesus und Sein Wort eine klare, ablehnende Meinung vertreten.

Heute gibt es eine Vielzahl von Informationen (durch Bücher, Videos und Konferenzen), die uns logische, philosophische, archäologische und wissenschaftliche Argumente liefern, um unseren Glauben zu verteidigen und zu beweisen. Was wir aber hin und wieder übersehen, ist die Verteidigung, die die Schrift selbst liefert. Das ist bedauerlich, denn was klare Beweise für die Glaubwürdigkeit der Bibel angeht, ist nichts unwiderstehlicher und überzeugender als die erfüllte Prophetie.

Doch bevor wir uns darum kümmern, wollen wir noch zwei wichtige Fragen ansprechen:

1. Warum sollte ich daran interessiert sein, meinen Glauben zu verteidigen?
2. Warum sollte ich die Prophetie heranziehen, um andere von der Zuverlässigkeit der Bibel zu überzeugen?

Erstens dürfen wir nicht vergessen, dass Gott in der Bibel jeden Menschen aufruft, den Glauben zu verteidigen, nicht nur Pastoren und «Profis». Allen Gläubigen wird gesagt: «Kämpft für den Glauben» (Jud 1,3). Petrus ermutigt uns auch, Jesus an die erste Stelle zu setzen: «Seid aber allezeit *bereit zur Verantwortung* gegenüber jedermann, der Rechenschaft fordert über die Hoffnung, die in euch ist» (1Petr 3,15). Das hier mit «bereit zur Verantwortung» übersetzte griechische Wort ist *apologia*. Im ersten Jahrhundert wurde es für einen Anwalt benutzt, der vor Gericht einen berechtigten und überzeugenden Fall vertritt (Apg 22,1; 25,16; 1Kor 9,3; Phil 1,7.16-17; 1Petr 3,15).

Zweitens sollten wir die Prophetie zur Verteidigung heranziehen, weil sie einer der konkretesten und eindeutigsten Beweise ist, dass Gott existiert und die Bibel wahr ist. An Pfingsten, dem Tag, an dem die Gemeinde entstand, legte Petrus seinen jüdischen Mitbürgern nahe, aufgrund erfüllter biblischer Prophezeiungen an Christus zu glauben (Apg 2,14-16). Die Apostel verwiesen in der frühen Gemeinde auch auf die erfüllte Prophetie, um einige der skeptischsten Ungläubigen zu überzeugen (Apg 3,12-26; 13,13-41).

Ein weiterer Grund, weshalb die Prophetie so bedeutsam und überzeugend ist, ist die Tatsache, dass sie sich vor unseren Augen erfüllt (s. Kapitel 5).

Zugegeben, niemand von uns ist in der Lage, einen widerwilligen Skeptiker oder einen völlig verschlossenen Ungläubigen zu überzeugen. Jemand sagte einmal: «Nicht einmal Gott kann ein parkiertes Auto lenken.» Es muss wenigstens ein Funke Bereitschaft vorhanden sein, sich mit den Behauptungen der biblischen Prophetie auseinanderzusetzen, bevor man von der Wahrheit überzeugt werden kann. Die gute Nachricht ist aber, dass Gott Sein Wort gerne durch Menschen wie uns wirken lässt, um andere zur Rettung zu führen (2Kor 5,11).

Wie die biblische Prophetie den Glauben verteidigt

Wir wollen uns nun mit einigen konkreten Gründen befassen, warum sich der Glaube mit der biblischen Prophetie wirksam verteidigen lässt.

1. Die vollkommene Erfüllung aller Prophezeiungen, die bisher eingetroffen sind

Was erfüllte Prophezeiungen angeht, lag die Bibel noch nie auch nur ansatzweise daneben. Sie hat immer ins Schwarze getroffen, exakt wie Gott es vorausgesagt hat. Jede einzelne Prophezeiung über das erste Kommen des Messias wurde wörtlich und genauso erfüllt, wie das Alte Testament es Hunderte von Jahren vor der Geburt Christi berichtete. Wenn sich nur *eine* alttestamentliche Prophezeiung über das erste Kommen Jesu als falsch herausstellen würde, hätten wir Anlass, die Authentizität der Bibel anzuzweifeln. Aber das ist nie passiert. Im Gegenteil, da jede dieser Prophezeiungen eingetroffen ist, können wir erwarten, dass sich alle Prophezeiungen über die Endzeit und das zweite Kommen Jesu genauso wörtlich und präzise erfüllen werden.

Die erfüllte Prophetie ist der stärkste Beweis für die göttliche Urheberschaft der Bibel. Denn wer ausser Gott ist in der Lage, die Zukunft zu kennen und sie Hunderte und Tausende von Jahren im Voraus zu schildern? Jesus selbst erklärte, dass letzten Endes jedes einzelne Wort Gottes erfüllt wird, bis hin zu den kleinsten Buchstaben und ihren Bestandteilen (Mt 5,17-18)! Hier sind nur einige der mehr als 300 Prophezeiungen, die Jesus bei Seinem ersten Kommen erfüllt hat:

- Er sollte von einer Jungfrau geboren werden (1Mo 3,15; Jes 7,14; Mt 1,22-23; Gal 4,4).
- Der Name Seines Geburtsortes wurde genannt (Mi 5,1; Mt 2,5-6; Lk 2,4-6).
- Er sollte auf einem Esel nach Jerusalem hineinreiten (Sach 9,9; Mt 21,4-5).
- Er würde misshandelt und geschlagen werden (Jes 50,6; Mt 26,67; 27,26).
- Er sollte für Geld verraten werden (Sach 11,12-13; Mt 27,9-10).
- Seine Hände und Füsse sollten durchstochen werden (Ps 22,17; Sach 12,10; Joh 19,34.37).

- Er würde unter Verbrechern sterben (Jes 53,12; Mt 27,38).
- Seine Knochen sollten am Kreuz nicht gebrochen werden (Ps 34,21; Joh 19,33-36).
- Obschon Er zwischen gottlosen Menschen starb, sollte Sein Grab bei einem Reichen sein (Jes 53,9; Mt 27,57-60).
- Er würde körperlich aus den Toten auferstehen (Ps 16,10; Mt 28,2-7).

Jetzt kommt die Mathematik ins Spiel. Die Chancen, dass eine Person nur *acht* dieser Prophezeiungen erfüllt, liegen bei 1 zu 1 000 000 000 000 000! Oder eins zu einer Billiarde.[11]

DIE CHANCEN, DASS 1 PERSON NUR 8 PROPHEZEIUNGEN ERFÜLLT, LIEGEN BEI 1 ZU 1 BILLIARDE 1 000 000 000 000 000

2. Die Glaubwürdigkeit der Prophetie beweist, dass die ganze Bibel vertrauenswürdig ist
Da die Bibel in Bezug auf die erfüllte Prophetie präzise und glaubwürdig ist, können wir daraus schliessen, dass wir ihr auch in anderen Bereichen vertrauen können – wie Wissenschaft, Geschichte, Ethik, Ehe und Familie, Sexualität, Beziehungen und Lebensführung (2Tim 3,16-17; 2Petr 1,3-4).

3. Die Prophetie erfüllt sich vor unseren Augen

Wir sehen zurzeit, wie sich viele Zukunftsprophezeiungen der Offenbarung langsam entwickeln. Sie sind so überdeutlich zu erkennen, dass sie schon lange kein Zufall mehr sein können. In Kapitel 5 haben wir bereits einige von ihnen erwähnt. Jetzt wollen wir sie näher untersuchen.

In der Bibel wird deutlich, dass die jüdische Nation wiederhergestellt sein und in ihrem alten Heimatland leben muss, bevor viele der in der Offenbarung beschriebenen Ereignisse stattfinden können (Jer 30,1ff.; Hes 34,11-24; 37; Sach 10,6-10). Das ist das am häufigsten vorausgesagte Endzeitereignis in der Bibel, und es ist *bereits geschehen!* Nicht vergessen: Die Juden waren 20 Jahrhunderte lang in mehr als 100 Nationen zerstreut, wo sie verleumdet, verfolgt und sogar getötet wurden. Und dennoch behielten sie die ganze Zeit über auf wundersame Weise ihre Identität. Heute ist Israel wieder eine Nation, in der mehr Juden leben als an allen anderen Orten der Welt zusammen! Ist das bloss ein Zufall?

Im Buch Daniel, in der Offenbarung und in der Ölbergrede Jesu in Matthäus 24 bis 25 erfahren wir, dass die Juden eines Tages auch ihren Tempel in Jerusalem wieder aufbauen werden (Dan 9,25-27; Mt 24,15; 2Thes 2,3-4; Offb 11,1-2). Das in Jerusalem ansässige Tempelinstitut wurde 1987 mit dem ausdrücklichen Ziel gegründet, dieses heilige Bauwerk auf dem Tempelberg neu aufzubauen. Angehörige des Instituts haben bereits heilige Tempelgegenstände und Priestergewänder nach den alttestamentlichen Entwürfen angefertigt. Sie haben einen Entwurf des Tempels fertiggestellt, Priester ausgebildet und sogar vorbereitende Opfergaben gemacht. Zurzeit ersucht das Tempelinstitut die israelische Regierung um Erlaubnis, den Tempelberg betreten zu dürfen, um Opfer in Erwartung des wiederaufgebauten Tempels darzubringen. Alles, was sie benötigen, ist eine Art Vereinbarung oder Friedensvertrag, der es ihnen ermöglicht, mit dem Bau zu beginnen (Dan 9,25-27). Und der biblischen Prophetie zufolge wird es so weit sein, wenn ein Weltführer diese Vereinbarung mit einem einfachen Federstrich unterzeichnet. Auch das nur ein Zufall?

Die biblische Prophetie teilt uns auch mit, dass sich in den letzten Tagen ein wiedererstandenes Römisches Reich erheben und eine Eine-Welt-Regierung bilden wird. Erst vor Kurzem veranlasste die Corona-Krise die Führer dieser Welt zu der Aussage, es sei dringlicher als jemals zuvor, eine solche globale Regierung einzurichten. Das lehrt uns, dass es in einer weltweiten Krise allgemeiner Konsens ist, «als Einheit zusammenzuarbeiten». In der Bibel wird angedeutet, dass dies in der chaotischen Phase nach der Entrückung unter der Führung eines Mannes, genannt Antichrist, geschehen wird (Dan 2,36-45;

Offb 13; 17,9-10). Glauben Sie, dass es nur ein «Glückstreffer» der Bibel ist, wenn sich diese Prophezeiung erfüllt?

In der Heiligen Schrift wird auch prophezeit, dass die Füsse Jesu bei Seinem zweiten Kommen auf dem Ölberg stehen werden und sich der Berg nach Osten und Westen hin spalten wird, wobei sich die eine Hälfte des Berges nach Norden und die andere nach Süden bewegt (Sach 14,4; Apg 1,11; Mt 24,3). 2004 berichtete NBC News von einer dreijährigen Studie des Israelischen Geologischen Instituts, die bestätigte, dass genau dieser Bereich besonders erdbebengefährdet sei und eine grosse Verwerfungslinie aufweist, die – Sie vermuten es – *genau durch den Ölberg* verläuft, von Osten nach Westen.[12] Wieder nur ein Zufall? Oder ein klarer *Beweis*, dass die Bibel weiss, wovon sie spricht?

Der Wert der biblischen Prophetie für die Verteidigung des Glaubens

Die Bibel enthält ein nachgewiesenes Muster von Prophezeiungen, die wörtlich und exakt erfüllt wurden. Aus diesem Grund können wir uns absolut sicher sein, dass die Prophezeiungen über das zweite Kommen Jesu sowie Hunderte von anderen, ebenfalls noch nicht erfüllten Endzeitprophezeiungen mit hundertprozentiger Sicherheit eintreffen werden. Das zu leugnen, bedeutet, die offensichtliche und zuverlässige Erfolgsbilanz der Heiligen Schrift zu ignorieren.

Das sind nur ein paar Gründe, weshalb die biblische Prophetie zu einer mächtigen und wirksamen Verteidigung des Glaubens dienen kann. Die Darstellung dieser Fakten allein reicht natürlich nicht aus, um einen Menschen zum Umdenken zu bewegen und ihn zum Glauben an Christus zu führen. Dazu braucht es die wundersame Kraft Gottes und Seines Heiligen Geistes. Nur Er kann die Menschen zu Jesus ziehen und sie von ihrer Sünde überzeugen. Nur Er kann ihnen deutlich machen, wie dringend sie einen Erlöser brauchen (Joh 6,44.65; 16,7-11).

Petrus sagte, in der Endzeit werden viele über die Prophezeiungen der letzten Tage spotten (2Petr 3,3-9). Das macht eine auf der Prophetie basierende Apologetik (Verteidigung des Glaubens) umso wichtiger und wertvoller.

Wie sollten Christen leben, wenn Jesus jederzeit wieder- kommen könnte?

Die Realität der Entrückung verändert unser Leben in vielerlei Hinsicht auf positive Weise. Allerdings geht das nicht ohne ein gewisses Mass an Spannung. Wenn Jesus also wirklich heute wiederkommen könnte, sollten wir unser Leben dann so führen, wie wir es immer tun? Oder sollten wir uns nicht vielmehr auf die «geistlichen Dinge» konzentrieren?

Der protestantische Reformator Martin Luther soll einmal geschrieben haben: «Predige [und lebe], als wäre Jesus gestern gekreuzigt worden, heute von den Toten auferstanden und als würde Er morgen wiederkommen.»

Ein guter Rat. Aber wie können wir ihn in unserem täglichen Leben umsetzen? Wie sollen wir diesen Geist der Erwartung sichtbar werden lassen, während wir gleichzeitig *normal* weiterleben? Auf die Wiederkunft Christi zu warten, heisst nicht, dass wir unseren ganzen Besitz verkaufen, auf den nächsten Berg klettern und von nun an nur noch in uns gehen sollen. Nichts im Neuen Testament legt das nahe.

Wenn wir über die Gewissheit des Kommens Jesu nachdenken, sollte das nicht dazu führen, dass wir in Sack und Asche dasitzen oder in den Strassen herumrennen und uns über das Gericht und das Ende der Welt auslassen. Die Tatsache, dass die Wiederkunft Christi nahe bevorsteht, bedeutet nicht, dass wir zu provokativen Strassenpredigern werden müssen (das gehört zu den am wenigsten effektiven evangelistischen Strategien, um unsere Gesellschaft zu erreichen). Aber wie sollten wir dann auf diese prophetische Wahrheit reagieren?

Ein deutlich besserer Ansatz ist es herauszufinden, wozu uns die Bibel wirklich auffordert. Jeder neutestamentliche Autor war sich dessen bewusst und glaubte, dass Jesus jederzeit wiederkommen könnte, um Seine Braut zu sich zu nehmen. Und doch lässt sich nicht der geringste Hinweis auf Panik oder auf den Beginn eines Dienstes als Weltuntergangsprediger auf der Strasse finden. Was wir sehen, ist, dass Jesus, Paulus, Johannes und Petrus uns eindringlich auffordern, dem Herrn treu zu sein, die Finsternis mit Licht zu durchbrechen und ein überzeugendes Glaubensleben zu führen.

Wenn wir das im Hinterkopf behalten, können uns die folgenden Grundsätze für dieses Ziel eine Hilfe sein.

Perspektive: Nicht vergessen, diese Welt ist nicht mein Zuhause

Als Nachfolger Jesu leben wir mit dem scheinbaren Widerspruch, dass unser Bürgerrecht im Himmel ist, obwohl wir uns noch hier auf der Erde befinden (Phil 3,20). Unser Zuhause ist beim Herrn. Wie Paulus schrieb, ist Christus unser Leben und Sterben ein Gewinn (Gal 2,20; Phil 1,21). Für Christen ist das eine Win-win-Situation.

Und obgleich unsere Zeit auf der Erde begrenzt ist, bedeutet das nicht, dass sie unwichtig ist. Wie wir heute leben, bestimmt unseren zukünftigen Lohn im Himmel (1Kor 3,10-15; 2Kor 5,10-11). Somit haben wir sowohl eine irdische als auch eine ewige Perspektive. Unsere Zukunft beeinflusst unsere Gegenwart. Das Wissen, wo wir hingehen und wer wir sein werden, sollte Auswirkungen darauf haben, wie wir im Hier und Jetzt leben. Diese Perspektive gibt uns Hoffnung und Mut.

Durchdringung: Das Licht Christi in einer finsteren Welt leuchten lassen

Es ist kein Geheimnis, dass wir in einer bösen Zeit leben (Eph 5,16). Da es der Generation Jesu nicht anders erging, sagte Er zu Seinen Jüngern:

«Ihr seid das Licht der Welt. Es kann eine Stadt, die auf einem Berg liegt, nicht verborgen bleiben. Man zündet auch nicht ein Licht an und setzt es unter den Scheffel, sondern auf den Leuchter; so leuchtet es allen, die im Haus sind. So soll euer Licht leuchten vor den Leuten, dass sie eure guten Werke sehen und euren Vater im Himmel preisen» (Mt 5,14-16).

Würde Jesus Seine Braut jetzt im Himmel haben wollen, dann wäre sie auch dort. Und obschon wir uns in den letzten Tagen befinden, wissen wir nicht, wie lange wir noch hier sein werden. Vielleicht werden wir ein ganz normales, langes Leben führen oder aber morgen schon in die himmlische Heimat gerufen. Ganz gleich, wie lange wir auf der Erde bleiben werden, in der Zwischenzeit müssen wir Sein Licht ausstrahlen.

Viele Christen neigen zur Annahme, dass nur Dinge wie Bibelstudium, Gebet und Gemeindebesuch wirklich geistlich sind. In Wahrheit ist das Geistlichste, was wir tun können, Gott in den täglichen Dingen, die Er uns aufträgt, gehorsam und treu zu sein. Das heisst, wir sollten treu unser Leben führen, ob als Schüler, Arbeitnehmer, Chef, Ehemann, Ehefrau, Mutter, Vater, Sohn, Tochter oder in welche Aufgabe Er uns auch immer hineingestellt hat. Jesus wird Sie nie bitten, sich aus Ihrer täglichen Verantwortung zu stehlen, um sich allein auf Seine Wiederkunft zu konzentrieren.

Vorbereitung: Sich auf die Begegnung mit dem Herrn vorbereiten

Johannes schrieb: «Geliebte, wir sind jetzt Kinder Gottes, und noch ist nicht offenbar geworden, was wir sein werden; wir wissen aber, dass wir ihm gleichgestaltet sein werden, wenn er offenbar werden wird; denn wir werden ihn sehen, wie er ist. Und jeder, der diese Hoffnung auf ihn hat, reinigt sich, gleichwie auch Er rein ist» (1Joh 3,2-3). Eine Braut wünscht sich nichts mehr, als für ihren Hochzeitstag und ihren Ehemann bereit zu sein.

Über die Wiederkunft Jesu und die endgültige Zerstörung der Erde schrieb der Apostel Petrus:

> «Da nun dies alles aufgelöst wird, wie sehr solltet ihr euch auszeichnen durch heiligen Wandel und Gottesfurcht, indem ihr das Kommen des Tages Gottes erwartet und ihm entgegeneilt, an welchem die Himmel sich in Glut auflösen und die Elemente vor Hitze zerschmelzen werden! Wir erwarten aber nach seiner Verheissung neue Himmel und eine neue Erde, in denen Gerechtigkeit wohnt» (2Petr 3,11-13).

In diesen Versen schildert uns Petrus eine gesunde Balance zwischen einem reinen Leben und dem Warten auf den Tag des Herrn. Das Wissen, dass Christus jederzeit wiederkommen könnte, motiviert uns nicht nur zu einem heiligen Lebensstil, es erfüllt uns auch mit hoffnungsvoller Erwartung!

Als meine (Jeff) Frau mit unserem ersten Sohn schwanger war, warteten wir fast neun Monate lang freudig auf den Tag, an dem er schliesslich geboren werden sollte. Aber während dieser langen Zeit bin ich weiter zur Arbeit gegangen, habe mich ums Haus gekümmert und verbrachte Zeit mit meiner Frau und mit Freunden. Und gleichzeitig dachte ich jeden Tag daran, dass ich bald Vater sein würde. Aufgrund dieser zukünftigen Realität hatte ich den Wunsch als Pastor, Ehemann und Vater, mein Bestes zu geben.

Die verheissene Wiederkunft Christi bewirkt in uns Gläubigen dasselbe. Sie gibt unserem täglichen Leben Sinn und Ziel und motiviert uns, uns auf die Begegnung mit Ihm vorzubereiten.

Prioritäten: Gott muss die Nummer eins in unserem Leben bleiben

Haben Sie insgeheim vielleicht schon einmal gebetet: «Jesus, ich möchte, dass Du wiederkommst, aber könntest Du Dein Kommen bis nach meiner Hochzeit verschieben? ... bis nach meinem Studium? ... nachdem ich Kinder habe? ... meine Kinder aufwachsen sehe?» Das sind natürliche Wünsche, und wir sollten sie nicht grundsätzlich für egoistisch halten. Sie gehören zu unserem Leben auf der Erde. Solche Wünsche werden erst dann zum Problem, wenn sie uns *wichtiger* sind als Gott selbst. Jesus machte deutlich, dass unsere Liebe zu Ihm unsere Liebe zu anderen Menschen und Dingen weit übertreffen sollte, einschliesslich uns selbst (Lk 14,25-35). Wenn wir die Welt und die Dinge der Welt mehr lieben als die Dinge Gottes, rutschen wir in geistliche Mittelmässigkeit ab und werden lau (Jak 4,4; 1Joh 2,15-17; Offb 3,14-16). Solange Gott aber unsere erste Priorität bleibt, können wir all diesen anderen Dingen in angemessener Weise nachgehen.

Wenn wir uns im Herrn freuen, wird Er uns die Wünsche in unser Herz geben, die Er in uns sehen will (Ps 37,4). Ohne Schuld. Nur mit der Dankbarkeit, dass wir frei sind, Ihn zu lieben. Wir können unser Leben ganz ausleben und uns zugleich nach der Wiederkunft unseres Erlösers sehnen.

Endnoten

1 Siehe z.B. die Prophezeiungen und deren Erfüllung in Mi 5,1 und Mt 2,1-6; Jes 7,14 und Mt 1,21-23; Dan 9,24-25 und Lk 19,37-42; Sach 9,9 und Mt 21,4-5; Sach 11,12 und Mt 26,14-15; Ps 22,19 und Mt 27,35; Ps 22,2 und Mt 27,46; Jes 53,12 und Mk 15,27-28.

2 Siehe zum Beispiel:

Röm 13,11: «Und dieses sollen wir tun als solche, die die *Zeit* [gr. *kairos*: Ära, Zeitalter] verstehen, dass nämlich die Stunde schon da ist ...»

Röm 13,12: «Die Nacht ist vorgerückt, der Tag aber ist *nahe*.»

1Kor 1,7: «... während ihr die Offenbarung unseres Herrn Jesus Christus *erwartet*.»

1Kor 16,22: «*Maranatha!*» (Das wurde von der frühen Gemeinde anstelle eines «Hallo» oder «Auf Wiedersehen» benutzt; es ist ein aramäischer Ausdruck mit der Bedeutung «unser Herr, komm».)

Phil 3,20: «... im Himmel, von woher wir auch den Herrn Jesus Christus *erwarten* als den Retter.»

Phil 4,5: «Der Herr ist *nahe*!»

1Thes 1,10: «... um seinen Sohn aus dem Himmel zu *erwarten* ...»

Tit 2,13: «... *indem wir die glückselige Hoffnung erwarten und die Erscheinung* ... unseres Retters Jesus Christus ...»

Jak 5,7-8: «So wartet nun geduldig, ihr Brüder, bis zur *Wiederkunft des Herrn*! ... So wartet auch ihr geduldig; stärkt eure Herzen, denn die Wiederkunft des Herrn ist *nahe*!»

Hebr 9,28: «So wird der Christus ... *zum zweiten Mal denen erscheinen, die auf ihn warten*, nicht wegen der Sünde, sondern zum Heil.»

Hebr 10,25: «... sondern einander ermahnen, und das umso mehr, *als ihr den Tag herannahen seht*!»

Hebr 10,37: «Denn *noch eine kleine, ganz kleine Weile*, dann *wird* der kommen, der kommen soll, und wird *nicht auf sich warten lassen*.»

1Petr 1,13: «Darum ... *setzt eure Hoffnung ganz* auf die Gnade, die euch zuteil wird in der Offenbarung Jesu Christi.»

1Petr 4,7: «Es ist aber *nahe* gekommen das Ende aller Dinge.»

1Joh 2,18: «... daran *erkennen* wir, dass es *die letzte Stunde* ist.»

Jud 1,21: «... indem ihr die Barmherzigkeit unseres Herrn Jesus Christus *erwartet* ...» (Elberfelder).

Offb 3,11: «Siehe, *ich komme bald*; halte fest, was du hast ...»

Offb 22,7: «Siehe, *ich komme bald*!»

Offb 22,12: «Und siehe, *ich komme bald* ...»

Offb 22,20: «Ja, *ich komme bald*!»

3   Mitarbeiter von *The Times of Israel:* «Israel ranked world's 8th most powerful country; no longer in Top 10 ‹movers›», *The Times of Israel*, 5. März 2019, https://www.timesofisrael.com/israel-ranked-8th-most-powerful-country-in-the-world.

4   Präteristen ziehen die Worte Jesu in Matthäus 24,34 als Beweis für ihre Sicht heran: «Dieses Geschlecht wird nicht vergehen, bis dies alles geschehen ist.»

5   Präteristen glauben auch, dass Johannes die Offenbarung vor 70 n.Chr. und nicht 95 n.Chr. schrieb. Wäre die Offenbarung um 90 n.Chr. geschrieben worden, wäre ihre Auslegung der Ereignisse von 70 n.Chr. natürlich nicht prophetisch gewesen, da sie bereits stattgefunden hätten. Noch einmal: Niemand hat diese Ereignisse oder Gerichte jemals als bereits geschehene Tatsachen dokumentiert. Zu den Hinweisen auf ein späteres Abfassungsdatum (95 n.Chr.) gehört die Überzeugung der frühen Kirchenväter, einschliesslich Irenäus (180 n.Chr.), dessen Lehrer Polykarp ein direkter Jünger des Johannes war. Derselbe Polykarp schrieb 110 n.Chr. auch, dass die Gemeinde in Smyrna 65 n.Chr. noch gar nicht existierte. Und die Gemeinde in Laodizea erholte sich noch von einem schweren Erdbeben, das sich 60 n.Chr. ereignet hatte. Es dauerte etwa 25 Jahre, die Stadt wieder aufzubauen. Die Gemeinde hätte kaum sagen können: «Ich bin reich und habe Überfluss, und mir mangelt es an nichts!» (Offb 3,17).

6   Säkulare Quellen: Josephus, Tacitus, Plinius der Jüngere, Lukian, Phlegon, Celsus, Mara Bar Serapion, Sueton und Thallus. Neutestamentliche Quellen: Matthäus, Markus, Lukas, Johannes, Paulus, der Verfasser des Hebräerbriefes, Jakobus, Petrus und Judas. Ausserbiblische christliche Quellen: Klemens von Rom, Zweiter Klemensbrief, Ignatius von Antiochia, Polykarp, Das Martyrium des Polykarp, Didache, Barnabas, Der Hirt des Hermas, Fragmente des Papias, Justin der Märtyrer, Aristides, Athenagoras, Theophilus von Antiochia, Quadratus, Ariston von Pella, Melito von Sardes, Diognet, Evangelium des Petrus, Offenbarung des Petrus und Epistula Apostolorum. Angaben des Apologeten Frank Turek auf https://crossexamined.org/did-jesus-exist.

7   Dieser Geist der Erwartung kommt in den folgenden Versen zum Ausdruck:

Röm 13,11: «Und dieses sollen wir tun als solche, die die Zeit verstehen, dass nämlich die Stunde schon da ist …!»

Röm 13,12: «Die Nacht ist vorgerückt, der Tag aber ist nahe.»

1Kor 1,7: «… während ihr die Offenbarung unseres Herrn Jesus Christus erwartet.»

1Kor 16,22: «Maranatha!» (Das wurde von der frühen Gemeinde anstelle eines «Hallo» oder «Auf Wiedersehen» benutzt; es ist ein aramäischer Ausdruck mit der Bedeutung «unser Herr, komm».)

Phil 3,20: «Unser Bürgerrecht aber ist im Himmel, von woher wir auch den Herrn Jesus Christus erwarten als den Retter.»

Phil 4,5: «Der Herr ist nahe!»

1Thes 1,10: «… um seinen Sohn aus dem Himmel zu erwarten …»

Tit 2,13: «… indem wir die glückselige Hoffnung erwarten und die Erscheinung … unseres Retters Jesus Christus …»

Jak 5,7-8: «So wartet nun geduldig, ihr Brüder, bis zur Wiederkunft des Herrn! … So wartet auch ihr geduldig; stärkt eure Herzen, denn die Wiederkunft des Herrn ist nahe!»

Hebr 9,28: «So wird der Christus … zum zweiten Mal denen erscheinen, die auf ihn warten, nicht wegen der Sünde, sondern zum Heil.»

Hebr 10,25: «... sondern einander ermahnen, und das umso mehr, als ihr den Tag herannahen seht!»

Hebr 10,37: «Denn noch eine kleine, ganz kleine Weile, dann wird der kommen, der kommen soll, und wird nicht auf sich warten lassen.»

1Petr 1,13: «Darum ... setzt eure Hoffnung ganz auf die Gnade, die euch zuteil wird in der Offenbarung Jesu Christi.»

1Petr 4,7: «Es ist aber nahe gekommen das Ende aller Dinge.»

1Joh 2,18: «... daran erkennen wir, dass es die letzte Stunde ist.»

Jud 1,21: «... indem ihr die Barmherzigkeit unseres Herrn Jesus Christus erwartet ...» (Elberfelder).

Offb 3,11: «Siehe, ich komme bald; halte fest, was du hast ...»

Offb 22,7: «Siehe, ich komme bald!»

Offb 22,12: «Und siehe, ich komme bald ...»

Offb 22,20: «Ja, ich komme bald!»

Auszüge aus Jeff Kinley, *Wake the Bride* (Eugene, OR: Harvest House, 2015), S. 77–79.

8 Strong's Konkordanz #726, *harpazó*, https://biblehub.com.

9 «Pastors: The End of the World Is Complicated», *LifeWay Research*, 26. April 2016, https://lifewayresearch.com/2016/04/26/pastors-the-end-of-the-world-is-complicated.

10 Gott sagte Micha, der Messias werde in Bethlehem geboren werden, aber Er nannte nicht das exakte Haus oder den Zeitpunkt (Mi 5,1). Der Herr teilte Jesaja mit, dass der Messias von einer Jungfrau geboren werden sollte, aber Er sagte ihm nicht, wie alt sie sei oder ob sie zum Zeitpunkt der Empfängnis bereits versprochen sein würde (Jes 7,14). Die Heilige Schrift gibt uns zwar einen detaillierten Überblick über den Charakter und das Handeln des Antichrists, aber sie verrät uns seine Identität oder seinen Namen nicht.

11 Peter Stoner, *Science Speaks* (Chicago: Moody Press, 1969), S. 106–107.

12 Siehe http://discussions.godandscience.org/viewtopic.php?t=38866.